〈悪の凡庸さ〉を問い直す

田野大輔・小野寺拓也［編著］

香月恵里・百木 漠・三浦隆宏・矢野久美子［著］

大月書店

目次……〈悪の凡庸さ〉を問い直す

第Ⅱ部　〈悪の凡庸さ〉という難問に向き合う　123
――思想研究者と歴史研究者の対話

序　いま〈悪の凡庸さ〉の何が問題なのか

小野寺拓也

はじめに

「特段歪んだ思想や強い憎しみを抱いているわけでもないごく普通の人間でも、自ら考えることを停止し、上から言われるがまま命令に従えば、巨大な悪を成し遂げてしまうことがある」。アイヒマンと言えばそのような人物であり、それを表現するキーワードが〈悪の凡庸さ（陳腐さ）〉なのだという認識は、いまや社会に完全に定着している感がある。

このキーワードを生み出したのは、言うまでもなくハンナ・アーレント『エルサレムのアイヒマン――悪の陳腐さについての報告』である。[*1] 本書で提示されているアイヒマン像は、おおよそ次のようなものである。

学業成績はぱっとしなかったが出世欲は強く、それなりの栄達は果たすが課長どまりで、ナチの高級幹部などではない。他人の立場に立って考えることが苦手で、紋切り型の表現でしか話すことができない。ほら吹きで、また気分の昂揚は顕著な心理的特徴といえるが、それでも精神病理学的には正常である。ユダヤ人憎悪をいだくとか反ユダヤ主義イデオロギーに染まってもいない。ユダヤ人問題専門家としての仕事ぶりからもわかるように知能の面では愚かではないが、自分のしていることについて思考していない。犯罪歴はなく、「法を遵守する市民」を自認する。総じて、世にいわれる極悪非道の「怪物（モンスター）」という風評は当たっておらず、むしろ「道化」を思わせる。要するに、アイヒマンはナチ体制下の他のドイツ人たちと特段ちがうところのない、ほぼ普通の人間なのである。*2

このようなアイヒマン像は、現在の歴史学における研究状況に照らして本当に正しいと言えるのか。私たちが〈悪の凡庸さ〉という言葉で理解している意味内容は、アーレントが言おうとしていたことと一致しているのか。『エルサレムのアイヒマン』本文ではわずか一か所（一九六四年出版の第二版での追記を含めても二か所）しか登場しない〈悪の凡庸さ〉という言葉が、なぜこれほどまでに多くの社会的インパクトを与え続けてきたのか。それを検討するのが本書であるが、まずその前に、上記のようなアイヒマン・イメージや〈悪の凡庸さ〉というキーワードがどのよう

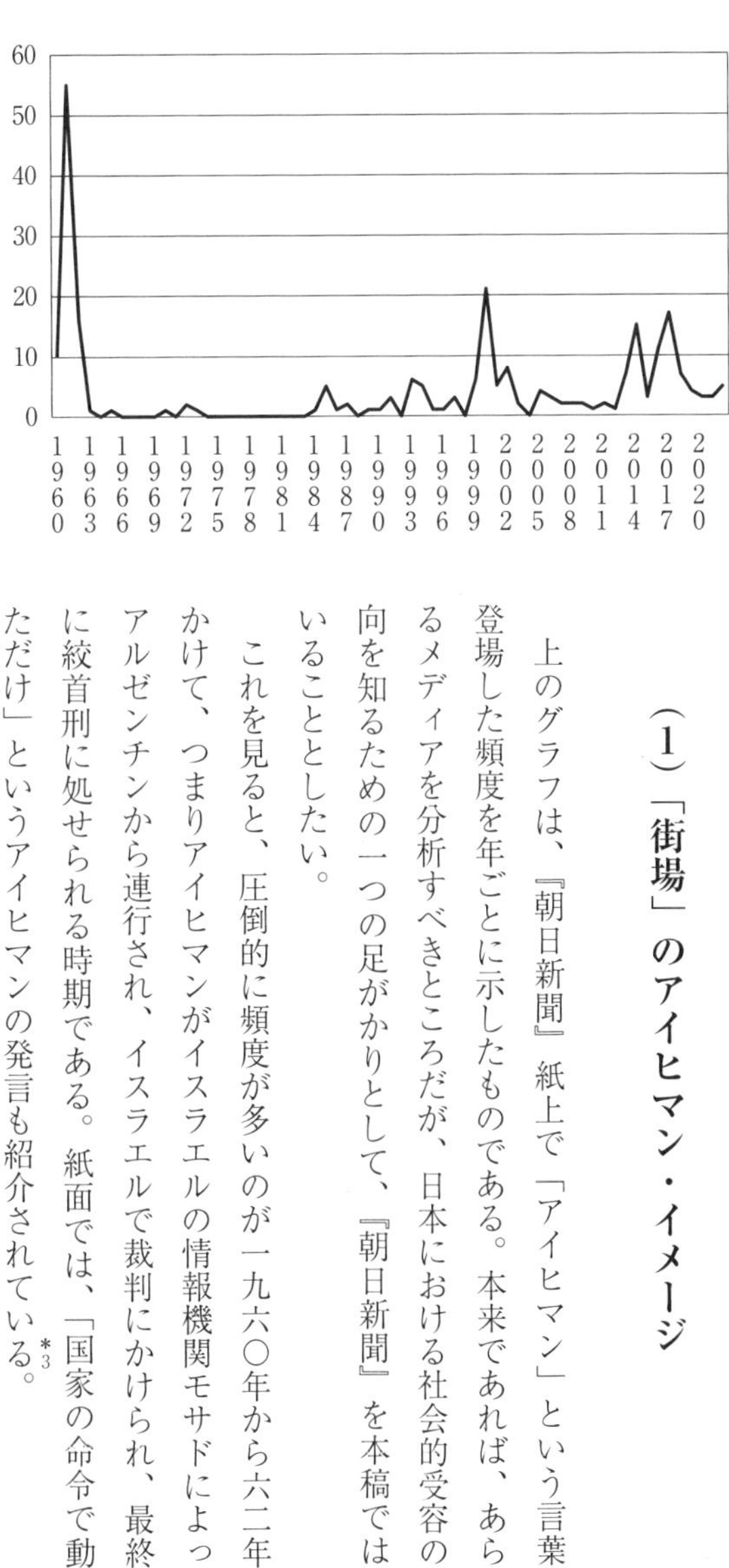

な過程を経て日本社会に定着していったのかを、簡単に振り返っておきたい。

（1）「街場」のアイヒマン・イメージ

上のグラフは、『朝日新聞』紙上で「アイヒマン」という言葉が登場した頻度を年ごとに示したものである。本来であれば、あらゆるメディアを分析すべきところだが、日本における社会的受容の傾向を知るための一つの足がかりとして、『朝日新聞』を本稿では用いることとしたい。

これを見ると、圧倒的に頻度が多いのが一九六〇年から六二年にかけて、つまりアイヒマンがイスラエルの情報機関モサドによってアルゼンチンから連行され、イスラエルで裁判にかけられ、最終的に絞首刑に処せられる時期である。紙面では、「国家の命令で動いただけ」というアイヒマンの発言も紹介されている。[*3]

だが裁判が終了すると、アイヒマンへの言及は急激に減少する。『エルサレムのアイヒマン』の邦訳が刊行されたのは一九六九年だが、そのことへの言及はない。「悪の陳腐さ」という言葉が『朝日新聞』紙上で初めて登場するのは一九九三年になってからで、しかも二〇世紀ではこの一回だけである。[*4] それ以外の用例は、すべて二一世紀になってからのものになる。

日本社会におけるアイヒマン受容が大きく変わったのは、おそらく一九九九年から二〇〇〇年にかけての時期だと考えられる。この時期、国会では「周辺事態に際して我が国の平和及び安全を確保するための措置に関する法律」と「自衛隊法一部改正法案」(いわゆるガイドライン関連法案)が国会で審議されており、世論を二分していた。とくに反対派は、①「周辺事態」の名のもとにアメリカの軍事介入に巻き込まれる恐れ、②アメリカの戦闘行為と一体となった軍事活動、③自治体・民間の協力の義務づけや国民の動員、④国会には事後承認で足りるという議会制民主主義の軽視を問題視し、激しく反発した。

そうしたなかで、『朝日新聞』紙上でもアイヒマンへの言及が急増する。一九九九年五月には、これ以降のアイヒマン理解の基軸となるような大学生による投書が掲載された。

「服従の心理学」という講義を受けた。人は、どこまで権力に弱いのかということを「アイヒマン・テスト」と呼ばれる実験を通して見ていくというものだ。

生徒役の人間が単語を間違えるたびに、先生役の被験者が、流す電流の量を上げていくという実験だが、実に六五%もの人間が、教授のいうままに人が死ぬ危険のある量の電流を流した(実際には流れていないが)というのだ。実験名称の由来であり、ユダヤ人虐殺を指揮したアドルフ・アイヒマン。

彼は戦後、裁判で虐殺についてこういったそうだ。「やりたくてやったんじゃない。上からの命令だったんだ」

アメリカのある新聞は、彼の精神鑑定の結果をこう書いたという。「我々をうんざりさせるのは、彼がうんざりするほど普通の人間だということだ」と。

「我々は、だれでもアイヒマンになり得る」。先生は言われた。「だから、そのような状況にさせてはならない。絶対に」。何度も繰り返して。

しかし、その数日後、ガイドライン関連法案は、あっさりと衆議院を通過した。はたして我々が手に入れるのは日本の安全なのであろうか。本当にそうか。それだけなのだろうか。[*5]

「やりたくてやったんじゃない。上からの命令だったんだ」という、不祥事を起こした人びとから我々があまりにも頻繁に耳にする、陳腐な弁解の言葉。「我々をうんざりさせるのは、彼がうんざりするほど普通の人間だということだ」（悪事を悪人が引き起こすとは限らない）というメッセージが私たちにもたらす新鮮な驚き。「我々は、だれでもアイヒマンになり得る」という警句に込められた、（ホロコーストを例外的な人物が引き起こした例外的な出来事として片づけないという意味での）過去に対する真摯さ。[*6]この、陳腐さ／驚き／真摯さという三点セットは、〈悪の凡庸さ〉という言葉が急速に社会に広がっていく大きな推進力であったようにも思われる。

そして二〇〇〇年二月に、アイヒマンを題材としたドキュメンタリー映画『スペシャリスト――自覚なき殺戮者』が日本で公開された。〈悪の凡庸さ〉というアーレントによるアイヒマン解釈に忠実に沿ったこの映画を「天声人語」は取り上げ、次のように指摘する。

▼服従は、個人にとって常に不本意であるとは限らない。他人の言うなりにやり過ごす日常は、一面で気楽であり、時に甘美ですらある。何も考えないですむし、いっさいの責任を逃れられるようにも思えるから　▼これはひとごとではない。警察での不祥事や国旗・国歌の扱いぶりに見るように、日本の社会でもなじみ深い風景である[*7]

同じく、この映画の関連書籍[*8]を翻訳し、戦争責任や「応答可能性」をめぐって社会時評を積極的に展開していた哲学者の高橋哲哉（東京大学助教授・当時）も、インタヴュー記事で次のように答えている。

政治の場では、大人が他人に判断を預けて服従することは、その判断を支持することと変わりがない。その人は責任を免れないでしょう。反乱を起こすことはできなくとも不服従は可能なはずです。今の課題は、そうした市民的な勇気が発揮されることを可能にするネットワークづくりでしょう[*9]

こうして、日本社会におけるアイヒマンをめぐる「語り口」は、この時期に原型が出そろったと言ってもいいだろう。アイヒマンは組織の歯車として、上からの命令に従っただけという自己認識をもっている人間であり、自ら考えることなく権威に服従、集団に同調して、それを下達していくタイプの人物である。「疑問を抱くことすらない、疑問を抱くことを夢にも思わない」のが「アイヒマン的存在」であり[*10]、その意味で「責任」という考え方とは対照的な存在である。それを例証するのがミルグラムの電気ショック実験（別名アイヒマン実験）である[*11]。そして、「高度に組織化された現代社会において組織のなかの歯車として働かなければいけない現代人は、潜在的にみなアイヒマンになりうる」[*12]。だからこそ、上意下達に疑問をもち、異議を唱え、問題ある現状に立ち向かうような「不服従」や「市民的な勇気」が求められているのだと。

こうした認識を広めるうえで大きな役割を果たしたのが映画作品であろう。とくに、二〇一三年に日本で公開された『ハンナ・アーレント』（マルガレーテ・フォン・トロッタ監督）は、アーレント＝〈悪の凡庸さ〉という図式が人口に膾炙するうえで、決定的に重要であったように思われる。『朝日新聞』紙上でも本作はたびたび取り上げられた。福島で行われた「てつがくカフェ」では、高校一年生が本作をもとに次のように発言している。

「アイヒマンの罪は、（何が起きているか）知ろうとしなかったことだと思います。私も、原発事故が起きた後も原発のことに興味が持てなかった。そんな私の考えは、罪深いことだと思いました」「アイヒマンは（命令に従うことで）考えることを放棄した。それをアーレントは『人間であることを放棄した』と言う。アイヒマンは我々の中にもいるのでは」「考えることは人類の美徳だと思う」「自分がアイヒマンの立場だったら、同じことをしたのでは。生きるためにせざるを得なかったのではないか」[*13]

その後も『アイヒマン・ショー／歴史を映した男たち』(二〇一六年公開)、『アイヒマンを追え！——ナチスがもっとも畏れた男』(二〇一七年公開)、『アイヒマンの後継者——ミルグラム博士の恐るべき告発』(二〇一七年公開)と関連作品の公開が相次いだ。

くわえて、こうした語り口が必要とされる出来事に日本社会が事欠くことはなかった。ガイドライン関連法案、国旗・国歌の強制、二〇〇一年の「慰安婦」問題をめぐるNHK番組改変問題、二〇一五年に発覚した東芝不正会計問題、二〇一八年の日大アメフト部問題など、ことあるごとに頭をのぞかせる。[*14] 近年では、森友学園問題が記憶に新しい。公文書改ざんをめぐる元国税庁長官・財務省理財局長の佐川宣寿による国会答弁からアイヒマンを想起する人びとは、少なくなかった。以下は、その代表的な語り口である。

裁判を傍聴し、「私は命令に従っただけ」と保身に終始する被告が特別な極悪人ではなく凡庸な役人にすぎず、ゆえに誰もが状況しだいで「彼」になりうると喝破したのは政治哲学者ハンナ・アーレントだった。名高い著書「イェルサレムのアイヒマン」(大久保和郎訳)にざっと次のようなくだりがある。

——アイヒマンは、総統ヒトラーが汝(なんじ)の行動を知ったとすれば是認するように行動せよ、という内面のルールに従っていた――。これは、自らの行為の主を上級者の意思とする、いわば善悪を考えぬ「歯車」の概念に近いものだろう。

実際、一つの歯車になりきったように国会で組織（権力）と自己の保身答弁を繰り返す佐川氏を、いささか酷ながらアイヒマンの法廷のイメージに重ねる人は少なからずいた。[*15]

（2）「忖度」をめぐって

ただ森友学園問題では、いままでのアイヒマンをめぐる語りには出てこなかった、新たな論点が登場した。「忖度」である。[*16]「他人の内心を推し量」り、「その意図を汲んで行動すること」[*17]。これは「歯車」という一言では簡単に片づけることのできない、ある意味で「主体的」な行為と言える。

実はこの「忖度」は、近年のナチズム研究の到達点と近いところがある。それが、歴史家イアン・カーショーの提示する「総統の意を体して働く Working towards the Führer」という議論である。ヒトラーがナチ・ドイツのすべてを統べる全能の独裁者だったという議論は否定されてすでに久しい。一方で、ナチ体制はエリートたちがさまざまに関与することで成り立っていた多頭制的な支配だったという議論も、それ自体としては正しいとしても、それではなぜナチ体制は最後までバラバラに空中分解することなく支配を続けることができたのか、反ユダヤ主義や東部「生存圏」の征服など、ナチ体制にとって本質的なところでヒトラーの意志がおおむね貫徹したのはなぜなのかを理解することが難しくなる。ヒトラーの影響力がきわめて強かったというポイントと、エリートたちがかなり自分の思惑によって自律的に行動していたというポイントは、どうやったら整合的に説明することができるのか。それを可能にしたのが、この「総統の意を体して働く」論なのである。[*18]

それでは、「総統の意を体して働く」とはどういうことなのか。プロイセン農務省事務次官ヴェルナー・ヴィリケンスは、一九三四年二月に次のように述べている。

個々人が指示や命令を待つことは過去にもあちこちでよくみられた。残念ながらおそらく今後もそうだろう。しかしむしろ、総統の意をくんで総統のために働こうとすることがすべての者の義務なのだ。間違いを犯せばすぐに分かるだろう。しかし、正しく総統の意をくみ、総統が目的とすることのために働く者は、今後もこれまでと同じく、ある日突然にその仕事が法的に認められるという最高の褒賞を得ることになるだろう。[*19]

当然のことであるが、ヒトラーも暇ではない。社会のあらゆることについて、事細かに命令を下す余裕などあろうはずもない。ヒトラーが決定するのはあくまで大枠の方針や方向性であって、それを実現するための具体策については部下に決定させる。しかしまさにこの点にこそナチ体制の「推進力」があったというのが、カーショーの議論なのである。[*20] 指示待ち人間になることなく、ヒトラーの意志を先回りして忖度し、ヒトラーに喜んでもらえるような具体案を出すことで、認められ、出世を遂げ、権力を手にする可能性が開けるのだ。ヒトラーの反ユダヤ主義的な意志を実現するために、部下たちは競って反ユダヤ主義的な政策や措置を提案した。「このことは、競合しあう諸部局のあいだでも、そうした諸部局内の個々人のあいだでも、つまりは体制のあらゆるレベルで猛烈な競争を生んだ。〔…〕結果として、政策は常に急進化しつづけ、ヒトラーが掲げるイデオロギー的要請を政策として実現可能だととらえる可能性はますます強まっていった」[*21]。その際「総統の意志」は一種の錦の御旗でもあって、それを盾にすることで部下たちは自分の行動を正当化することができた。

もちろんヴィリケンスが言うように、忖度にはつねに「間違」う危険性がある。ヒトラーの意志を読み誤ったり、あるいは正しく理解していたとしてもTPOを誤って出過ぎたまねをすれば、上司から切り捨てられたりすることがないわけではない。しかしそれでも、アイヒマンのような出世主義者には、こうした意味での「主体性」が(それが「主体性」の名に値するかどうかはさておき)つねに追求すべき課題であったことは間違いない。そして、そうした「主体性」なしにナチ体制は機能しえなかったし、ホロコーストがユダヤ人の大量殺戮へとエスカレートしていくうえでも、「主体性」の競い合いは決定的に重要であった。

(3) シュタングネト『エルサレム〈以前〉のアイヒマン』

このように見てくると、「歯車」「考えることを放棄」「他人の言うなりにやり過ごす」といった「街場」

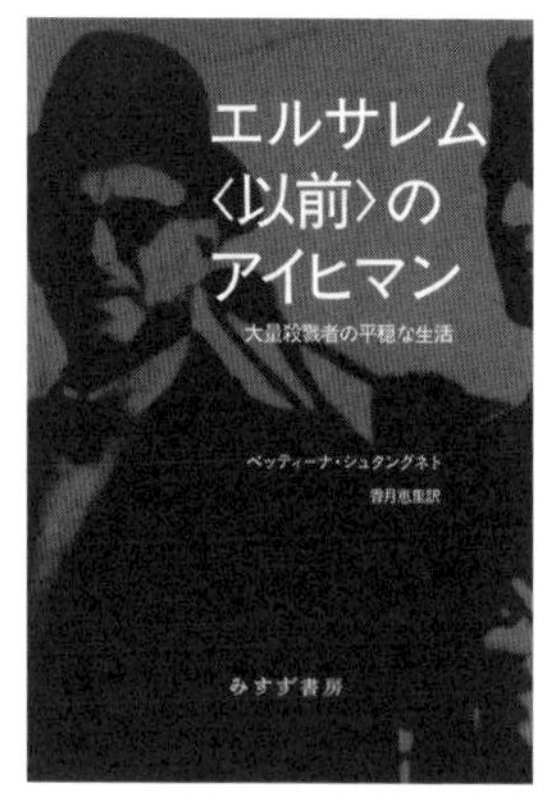

のアイヒマン像には、何か根本的な欠陥があるように思われる。そして二〇二一年にはついに、こうした「街場」のアイヒマン像に決定的なダメージを与える研究が日本にも登場した。ベッティーナ・シュタングネト『エルサレム〈以前〉のアイヒマン――大量殺戮者の平穏な生活』である（原著二〇一一年）[22]。

シュタングネトがとくに重きを置いているのが、「サッセン・インタヴュー」と言われる記録である。詳しくは香月論文（第I部1）で述べられているとおりだが、エルサレムに連れてこられる前のアイヒマンが潜伏先のアルゼンチンで、ホロコーストへの関与を赤裸々に語ったのが、このインタヴューである。アイヒマン裁判の時点でこのインタヴューの存在自体は知られていたものの、その真正さをアイヒマンが頑なに否定したため、裁判で証拠として認められたのはごく一部であった。その後一九七九年にインタヴューの閲覧が可能になり、一九九二年にスイスの出版社がアイヒマン家からテープを含む資料を買い取ったことで、このインタヴューの全貌をつかむことが可能になったのである。

インタヴューのなかでアイヒマンは、「誇り」をもってホロコーストを成し遂げたと、自らの「業績」を自慢している。「ドイツ帝国にとっては、死んだ敵だけが良い敵だ。命令を受けた時にはいつも、死刑執行人に命令を実行させた。このことはきちんと言っておかなければならぬ。今もそれを誇りに思っている」[23]。「後悔することなど何もない！〔…〕私は満足してこう言うことができよう。よかろう、我々は敵を殲滅したと。〔…〕今日生きている人間精神の中でもっともずる賢い精神を抹殺していたら、我々の血と我々の民族、そして諸民族の自由をめざす我々の任務を果たしたことになったことだろう」。[*24]

もちろんだからと言って、アイヒマンがあらゆる点で典型的な反ユダヤ主義者、確信的なナチであったというわけではない。たとえば、反ユダヤ主義者が喧伝する「儀礼殺人」、ユダヤ人はキリスト教徒の子どもを誘拐してその血を儀式に用いているらしいというつくり話を、アイヒマンはただのプロパガンダとしか考えていなかったし、有名な偽書「シオンの議定書」も、最初から偽書だと認識していた。[*25] 妻を選ぶ際にも、ブロンドで長身といったナチズムの理想に合致した女性のタイプは自分にとって「女としてあまりに冷たく、あまりに距離がある」とも語っていたし、妻の求めに応じて（親衛隊内部では好ましく思われていなかったが）教会で結婚式をあげている。[*26] それでも、アイヒマンがナチズムの世界観に熱い共感を寄せ、自らが主体的に加担したことを十分自覚していることは、「サッセン・インタヴュー」から誤解の余地がなく読み取ることができる。

こうしたアイヒマン像がシュタングネトによって初めてもたらされた、というわけではない。むしろナチズム研究者の間では、すでに一般的な考え方であったと言ってもよい。[*27] シュタングネトの貢献は、「サッセン・インタヴュー」をはじめとする、この世に存在するアイヒマンに関する史料を博捜し、自覚的な加担者としてのアイヒマン像を徹底的に裏づけた点にある。

（4）本書について

　こうして『エルサレム〈以前〉のアイヒマン』の邦訳は、二〇二一年五月にみすず書房から刊行された。そして同年九月一一日、日本アーレント研究会第一九回研究大会において、「〈悪の凡庸さ〉は無効になったのか――シュタングネト『エルサレム〈以前〉のアイヒマン』をめぐって」と題するシンポジウムがオンラインで開催された。報告者はドイツ文学研究者で同書の翻訳者でもある香月恵里、ドイツ現代史研究者の田野大輔、哲学研究者でアーレント研究者でもある三浦隆宏の三人。司会を、同じくアーレント研究者であり思想史研究者の矢野久美子が務めた。

　このシンポジウムにおける議論を通じて浮き彫りになった論点は、主に以下の三つに集約できる。第一は、〈悪の凡庸さ〉という概念それ自体をめぐる問題である。本書田野論文（第I部2）が指摘するように、アイヒマン＝〈凡庸な役人〉という見方は歴史研究においてとうに否定されており、シュタングネトの研究はその決定打となるものだった。とくに、アイヒマンを突き動かしていた反ユダヤ主義イデオロギーをアーレントが過小評価していたことは、疑いようがない。「〈悪の凡庸さ〉の概念は哲学的思弁としてはともかく、歴史的実証に耐えるものではないという見方が、斯界ではすでに主流になっていると言ってよい」という田野の記述は、多くのナチズム研究者が賛同するものだろう。

　一方でアーレント研究者の見解は異なる。本書三浦論文（第I部3）が指摘するように、実のところシユタングネトが指摘していることの多くは、すでにアーレントも言及していたことだったからだ。ほら吹きや大言壮語、決まり文句の頻用。思考する能力の欠如。三浦論文では、次のようなアーレントの後年の言葉が引かれる。「これ〔＝〈悪の凡庸さ〉という語〕は理論や教義のようなものではなくて、たんなる形容の言葉で、実際に巨大な規模で実行された悪しき行いの現象を表現したものです。この悪は、その実行者の邪悪さ、病理、あるいはイデオロギー的な確信などから説明できないものでした。悪の実行者の個人的な特徴といえば、せいぜい異例なほどに浅薄だということだけでしょう」。浅薄さゆえに彼がナチの世界観やイデオロギーを内面化したのだとすれば、それこそが〈悪の凡庸さ〉の表れだという理解もできるということになる。

こうして、まず私たちは、はたしてアーレントの〈悪の凡庸さ〉という言葉を正確に理解しているのか、アーレントがこの言葉で本当に言おうとしたのは何なのかを再検討する必要がある。通俗的な〈悪の凡庸さ〉理解、「街場」のアイヒマン・イメージからは離れ、アーレントの思考に立ち返らなければならない。

第二の論点はそれとは方向性が異なる。ホロコースト研究の第一人者クリストファー・ブラウニングは次のように指摘している。「アーレントは重要な概念をつかんでいたが、その例が適切ではなかった」[*28]。つまり、〈悪の凡庸さ〉という概念をアイヒマンに適用することは不適切なのだとしても、この概念自体は依然として有効なものであり、今後とも使い続けることは可能なのではないか、という問題意識である。ただしその際、この概念がアナクロニズムに陥ることなく、経験的事象をうまく説明できる概念であり続

 けるためには、近年のナチズム研究の成果を踏まえたものである必要がある。

そこでとくに焦点となるのが、「忖度」をめぐる節でも述べたように、エイジェンシー（行為主体性）の問題である。アーレントがそれを意図していたかどうかはさておき、少なくとも通俗的な〈悪の凡庸さ〉が理解しているような「組織の歯車」という考え方は、現在のナチズム研究ではもはやとりえない。組織や構造が個人の行動可能性に大きな影響を与え、制限することは間違いない一方で、個人のエイジェンシーによって組織や構造が大きな影響を受け、とられる政策が急進化していくこともある。構造とエイジェンシーはいわば相互補完の関係にあるのであって、そうした理論はどのようにして構築することが可能なのか。これが第二の論点になる。

そして第三の論点は、学術的なものではない。研究者が〈悪の凡庸さ〉をめぐってどのような議論を交わそうとも、本稿で述べてきたような通俗的な〈悪の凡庸さ〉論や「街場」のアイヒマン・イメージは、社会において弱まる気配を見せない。思考停止している人間、上司に唯々諾々と従う人間、無自覚に破壊的なことを行う人間。そうした人びとを批判する際に、「これはアイヒマンだ」「これこそが〈悪の凡庸さ〉だ」と言えば、何かを理解した気になれるからだろう。私たち研究者はそうした社会に対してどのように向かい合うべきなのか。あらゆる現象を説明できそうで実際にはできていないような「マジックワード」を、私たちはやむをえないものとして受け入れるべきなのか。あるいは「誤解」についてそのつど厳しく指摘すべきなのか。これが第三の論点となる。

以上の三つの論点を検討するため、二〇二二年五月二二日、第七二回日本西洋史学会において、「続・

〈悪の凡庸さ〉は無効になったのか？　歴史・理論・思想の対話」と題する小シンポジウムがオンラインで開催された。報告者は、日本アーレント研究会でも登壇した田野大輔に加え、政治思想史研究者でアーレント研究者でもある百木漠、社会学研究者の中村雄輝の三名。司会は、ドイツ現代史研究者の小野寺拓也が務めた。

本書第Ⅰ部は、以上の二回分のシンポジウムを紙上で採録したものである（ただし残念ながら、中村の論文は諸事情により本書に収録することができなかった）。

一読していただければわかるように、アーレント（思想）研究者とナチズム（歴史）研究者の間での見解の隔たりは大きい。そこで第Ⅱ部では執筆者に矢野を交えて座談会を行い、両者の間でなぜ見解のズレが生じているのか、それぞれどこに力点を置いているのか、それぞれの学問にはどのような特性があるのか、などの論点をめぐって、活発な議論を繰り広げた。この討論を通じて、本書の議論がより深く理解できるようなものになっていれば幸いである。

〔注〕

＊1　アーレント自身、「わたしの知るかぎり、わたし以前にこの言葉を使った人はいません」と述べている。ハンナ・アーレント「アイヒマン論争――ゲルショム・ショーレムへの書簡」ハンナ・アーレント著、J・コーン／R・H・フェルドマン編『アイヒマン論争――ユダヤ論集』（2）、齋藤純一・山田正行・金慧・矢野久美子・大島かおり訳、みすず書房、二〇一三年、三二三頁。

＊2　山田正行「新版への解説」ハンナ・アーレント『新版　エルサレムのアイヒマン――悪の陳腐さについて

の報告』大久保和郎訳、みすず書房、二〇一七年、四三四頁。

＊3　「〝命令でやっただけ〟アイヒマンの心境　セルバチウス弁護士記者会見」『朝日新聞』一九六一年四月一五日朝刊。

＊4　ただし一九九四年には、社会学者杉山光信によるアーレント『精神の生活』書評において、「役割をこなすことには有能だが「何も考えていない」」というアイヒマン像が提示されている。『朝日新聞』一九九四年八月七日朝刊。

＊5　「服従の心理学、不安が身近に（声）」『朝日新聞』一九九九年五月一一日朝刊。

＊6　もっともアーレント自身はこうした見方に懐疑的である。「わたしの考えでは、〔ドイツの人びとが「われわれのなかにいる殺人者」「われわれには罪がある」と言明することと〕おなじ耐えがたさの部類に属すのが「われわれの内なるアイヒマン」についての最近のおしゃべり──あたかも誰もが、ただまさにひとりの人間であるというだけで、否応なく自分の内側に「アイヒマン」をもっているといわんばかりのそれです」（アーレント「アイヒマン事件とドイツ人──ティーロ・コッホとの対談」『アイヒマン論争』三五〇頁）。

＊7　「映画『スペシャリスト──自覚なき殺戮者』（天声人語）」『朝日新聞』二〇〇〇年三月五日朝刊。

＊8　ロニー・ブローマン／エイアル・シヴァン『不服従を讃えて──「スペシャリスト」アイヒマンと現代』高橋哲哉・堀潤之訳、産業図書、二〇〇〇年。

＊9　「高橋哲哉さん「今問い直す意味」探る（テーブルトーク）」『朝日新聞』二〇〇〇年五月九日夕刊。

＊10　高橋哲哉「〔解説〕機械化する世界と想像力」ギュンター・アンダース『われらはみな、アイヒマンの息子』岩淵達治訳、晶文社、二〇〇七年、一六八頁。

＊11　ただしこの実験については近年批判も寄せられている。アブラム・デ・スワーン『殺人区画──大量虐殺の精神性』大平章訳、法政大学出版局、二〇二〇年。ルトガー・ブレグマン『Humankind 希望の歴史──人類が善き未来をつくるための18章』（上）、野中香方子訳、文藝春秋、二〇二一年。

＊12　高橋「機械化する世界と想像力」一六〇頁。

*13 「(教育2014) 罪と悪、高校生の哲学って? 学生・社会人らと議論/福島県」『朝日新聞』二〇一四年二月一四日朝刊（福島中会・1地方）。
*14 一例として、以下を参照。片田珠美『怖い凡人』ワニブックスPLUS新書、二〇一九年。
*15 「(日曜に想う)「森友」の闇、真実への意志 編集委員・福島申二」『朝日新聞』二〇二〇年七月五日朝刊。
*16 野口雅弘『忖度と官僚制の政治学』青土社、二〇一八年を参照。
*17 「(政治季評) 忖度を生むリーダー 辞めぬ限り混乱は続く 豊永郁子」『朝日新聞』二〇一八年五月一九日朝刊。
*18 Anthony McElligott/Tim Kirk (eds.), *Working towards the Führer. Essays in Honour of Sir Ian Kershaw*, Manchester, 2003 を参照。
*19 イアン・カーショー『ヒトラー――1889-1936―傲慢』(上)、川喜田敦子訳、白水社、二〇一六年、五四九頁。
*20 Devin O. Pendas, "Final Solution," Holocaust, Shoah, or Genocide? From Separate to Integrated Histories, in: Simone Gigliotti/Hilary Earl (eds.), *A Companion to the Holocaust*, Medford, 2020, p. 32 を参照。
*21 カーショー『ヒトラー』五五〇頁。
*22 ベッティーナ・シュタングネト『エルサレム〈以前〉のアイヒマン――大量殺戮者の平穏な生活』香月恵里訳、みすず書房、二〇二一年。
*23 同前、三七二頁。
*24 同前、四二四頁。
*25 同前、三五六頁。
*26 同前、二三八頁。
*27 代表的な研究として、David Cesarani, *Eichmann. His Life and Crimes*, London, 2004.
*28 Christopher R. Browning, How Ordinary Germans Did It, in: The New York Review, https://www.

nybooks.com/articles/2013/06/20/how-ordinary-germans-did-it/?lp_txn_id=1441109（二〇二三年四月一日閲覧）。

第I部 〈悪の凡庸さ〉をどう見るか

1　〈悪の凡庸さ〉は無効になったのか
——エルサレム〈以前〉のアイヒマンを検証する

香月恵里

はじめに

一九五一年三月四日、全体主義の犯罪について思考していたハンナ・アーレントは、ヤスパースに宛てて次のように書いた。

悪はこれまで予想されていたものよりももっと根源的(ラディカル)だということをみずから立証しました。〔…〕西洋の伝統は、人間がなしうる最大の悪も利己心という悪徳から生まれると見る先入観にとらわれています。でもその一方で私たちは、最大の悪もしくは根源的な悪はそういう人間的に理解可能な罪深い動機とは、もはやまるっきり関係がないということを知っています。[*1]

第二次世界大戦中のユダヤ人大量殺戮において重要な役割を果たした男、アーレントと同年生まれのアドルフ・アイヒマンは一九六〇年五月、イスラエルの特殊部隊によって潜伏先のアルゼンチンで拉致された。翌年四月からイスラエルによる裁判が行われると知ったとき、アーレントは「根源的な悪」を見定めるためにエルサレムへ向かった。しかし彼女がそこで見たのは、怪物じみたところなどみじんもない、冴えない初老の男だった。

裁判の傍聴記として雑誌『ニューヨーカー』に連載され、一九六三年に単行本『エルサレムのアイヒマン』として出版された彼女の本は、さまざまな理由から人びとに糾弾され、その結果彼女は精神的にも危機に陥った。原因の一つは、「悪の陳腐さについての報告」というこの書の副題である。「陳腐さ／凡庸さ banality, Banalität」という単語を人びとは「平凡」、「ありふれたもの」と同義だと考え、アーレントがアイヒマンの犯罪を過小評価していると思ったのだ。「凡庸さ」にこめた彼女の真意がどこにあったにせよ、これ以降アイヒマンには、従順であったばかりに邪悪な権力に操られた運の悪い小物というイメージがついて回るようになった。エルサレムのアイヒマン自身も、単なる命令受領者としての自分の役割を強調した。平均的な人間は、権威に命じられれば、何の恨みのない相手にもかなりの苦痛を与えることができることを証明したとされる、スタンリー・ミルグラムが行ったいわゆるアイヒマン実験はこのイメージを強化した。

アーレントによる裁判傍聴記から約半世紀を経て、哲学者ベッティーナ・シュタングネト（一九六六年〜）による『エルサレム〈以前〉のアイヒマン——大量殺戮者の平穏な生活』（原著二〇一一年）が出版された。「嘘」について思索する過程でアイヒマンに興味をもつことになったという彼女は、一九三〇年代以降の数多くの新聞記事を通覧し、現在ドイツの複数の文書館に「深淵を示す異形のパズルのように」分散されている「アルゼンチン文書」を忍耐強く読み、エルサレムの法廷に立たされる以前のアイヒマンに関する資料を研究した。その結果、従来のアイヒマン像とは違う新しいアイヒマンの姿が浮かび上がってきた。

まず、アイヒマンは無名どころか、彼の名は一九三〇年代後半からしばしば新聞などで言及されており、ユダヤ人問題に関する権力者として広く知れ渡っていた。彼は「ユダヤ人の皇帝（ツァー）」と呼ばれて恐れられ、仲間たちからもその地位を認められていたのである。また、シュタングネトは南米に逃亡中のアイヒマンが記した膨大な量の手記やインタヴュー（アルゼンチン文書）を読むことで、第三帝国崩壊後にも彼が確信した国民社会主義の世界観の闘士として強烈な反ユダヤ主義的言説を弄していたことを明らかにした。エルサレムのアイヒマンは「驚くほど巧みな自己演出」[*2]によってあたかも浄化されたナチのようにふるまい、その演技はアーレントの慧眼も欺くほどのものだったということになる。〈悪の凡庸さ〉を、命令に服従した小人物による犯罪の悪と解釈するなら、それは無効になったのである。[*3]

また、アイヒマンが一〇年もアルゼンチンで「平穏な生活」を送ることができたのは、その地に移民していた旧ナチ人脈のおかげでもあった。シュタングネトはこうした南米の「第四帝国」を支えた人物たちの行動を追跡する。彼らを支えていたのは、戦後西ドイツでかつてと変わることなく権力の座を占めていた元ナチの存在だった。

以下、主にシュタングネトの書に依拠して、「エルサレム以前のアイヒマン」の生活と言動、そしてアイヒマンがヨーロッパを離れていた一〇年間に戦後西ドイツで起きていたことについて記述してみたい。それによって、「エルサレムのアイヒマン」の背景が浮かび上がってくる。そしてまた、彼の悪が「凡庸」と言えるかどうかもわかるだろう。

(1) アルゼンチンのアイヒマン

アイヒマンが一九三七年以降、ユダヤ人問題課の長としてユダヤ人の追放、移送、虐殺に関与した重要人物であることは、すでに一九五〇年代から研究者の間では周知の事実だった。一九五五年末に出版されたレオン・ポリアコフとヴィルヘルム・ヴルフの『第三帝国とユダヤ人』にもアイヒマンへの言及があり、彼について五頁にわたって記した「魔力なき大審問官アドルフ・アイヒマン」という表題の、独立した部分さえある。[*4] こうした経歴のゆえにこそアイヒマンは敗戦後、捕虜収容所を脱走し、北ドイツの僻地に潜伏する日々を送らなくてはならなかった。その後一九五〇年、彼は旧ＳＳ（親衛隊）「組織」の援助によって、「リカルド・クレメント」として新しい人生を歩むためにアルゼンチンに逃亡する。「ドイツの援助者、アルゼンチンの役所、オーストリアの国境監視兵、イタリアの住民登録課、赤十字、ヴァチカン近辺の男たち、影響力ある船主たち」[*5] の協力があってのことである。

独裁者ペロン大統領の支配下にあったアルゼンチンは、自国を工業国にするための技術者を求めており、一方ドイツで職を失ったナチは新しい居場所を探していた。よって、両国の間には強いつながりが存在したのである。当時の駐アルゼンチン・ドイツ大使ヴェルナー・ユンカーが、そもそも元ナチ党員にしてバルカン半島における略奪品のドイツへの搬送に責任ある人物であった。心情を同じくする仲間に囲まれて、アイヒマンは仲間内では本名のまま、平穏な生活を送ることができた。一九五二年には同じく「組織」の尽力によってオーストリアから妻と三人の息子を呼び寄せ、一九五五年には四男ももうけている。

アイヒマンにとって命取りとなったのが、オランダ出身の旧武装SS隊員で作家・ジャーナリストのヴィレム・サッセンに目をつけられたことである。サッセンたちアルゼンチンのナチは、ヒトラー政権の中枢で起きていたことを知るための重要証人であるアイヒマンを利用しようと考えたのだった。おそらく一九五七年春から秋にかけて、サッセン家の居間に毎週末、人びとが集って座談を行った。主催者サッセンはこの会での討論をテープに録音し、その後タイプ打ちのトランスクリプトとして記録した。その一部はサッセン・インタヴューとして裁判当時にも存在が知られており、一部をアーレントも読んでいる。

一九七九年になって、サッセンが所有していた資料が部分的にドイツで閲覧可能になり、その後一九九二年にはスイスの出版社がアイヒマン家からテープを含む資料を買い取り、それは後に連邦文書館に保管されるようになった。テープの内容を検証することでトランスクリプトの正しさも証明された。サッセン家での討論会は、彼が裁判で強弁したような「居酒屋談義」ではけっしてなく、歴史について検討・論争し、国民社会主義を復活するための真剣な共同研究の場であった。その最も有名な部分、「一堂への短い結語」も、聞き間違えようもなくアイヒマンの肉声で語られていた。それは次のような内容で、拉致のわずか三年前にもアイヒマンが激烈な反ユダヤ主義を標榜していたことを示している。

私が心底後悔し、サウルがパウロとなるが如くいわば演じてみせるのは、あまりにも簡単だし、今日流行の見解に従って、容易にやってみせることもできるだろう。

戦友サッセンよ、私にはそんなことはできない。〔…〕もしも我々が知るように、コルヘアが算定したところでは一〇三〇万人いるユダヤ人のうち、一〇三〇万のユダヤ人を殺したというのなら、私は満足してこう言うことができよう。よかろう、我々は敵を殲滅したと。ところが運命の悪巧みによってこの一〇三〇万のユダヤ人の大部分は生き残っている。*6

アイヒマンはけっしてアルゼンチンで、敗残者の生を送っていたわけではない。西ドイツの平均賃金を上回る給与を得て、家族とともに高級保養地でバカンスを楽しむゆとりさえもち、本名のままで世界観に関する論議をし、第三帝国時代の内輪話をして社交の中心にいたのである。アーレントも訝しがっているように、「アイヒマンは埋もれた境涯から脱け出そうといろいろ努力していたのであり、アードルフ・アイヒマンがリカルド・クレメントという名でアルゼンチンに生きていることを知るのにイスラエル諜報機関が数年を費やした――一九五九年八月まで――ことがむしろ不思議なのだ*7」。

もっとも、アイヒマンはサッセンたちの一派にとって、実は適切な客ではなかった。彼らが求めていたのは、「六〇〇万人という嘘」を暴き、「ヒトラーによる虐殺命令はなかった」ということを証言するための人物であった。しかしアイヒマンは大量虐殺があったことを憚ることなく認め、しかも、それについて何の後悔もしていないと言い放った。ゆえに、先述した「一堂への短い結語」は、サッセン一派にとって致命的な内容だったわけだ。アイヒマンによる、芝居がかったこのスピーチの後、討論会は下火になり、自然に消滅した様子である。

(2) 戦後西ドイツ

他方、当時の西ドイツはどういう状況にあったのだろうか。アーレントも指摘するように、裁判当時の西ドイツでは「ヒトラー体制のもとでの華々しい経歴を持った多くの人物が現在連邦や州の官庁で、一般的に公職で活躍(強調原文)[*8]」していた。アデナウアー内閣には、官房長官となっていたハンス・グロプケを筆頭に、いわゆる「褐色のエリート」が複数おり、かつてアイヒマンと協力してユダヤ人迫害を行っていた人物たちの多くも、実質的には厳しく罪を問われることなく平穏に戦後を送っていた。ウィーンにおけるユダヤ人問題課の長であり、虐殺されたユダヤ人の数は六〇〇万人という数字をアイヒマンから聞いたと証言してアイヒマンを激怒させたヴィルヘルム・ヘットルは本を出版してマスコミの人気者となり、一九五二年からはオーストリアのバート・アウスゼーで私立学校を経営し、一九九五年には教育、歴史研究の功績があったとしてシュタイアーマルク州から顕彰されている。そのほか、戦後に裁判にかけられたり告訴されたりしたものの、証拠不十分で釈放あるいは減刑された結果、富裕な実業家として暮らしたり、教職についたり、また諜報機関に再就職していた元ナチの例は枚挙にいとまがない。
一九五二年にアルゼンチンに渡航してきた妻ヴェラが携えてきた新聞記事から、アイヒマンは罪に問われたかつての仲間たちが彼の名にしきりに言及していることを知る。彼は憤り、西ドイツに帰国して出頭することまで考えていたという。[*9] それが家族に対して無実を装うための虚勢であるとも思えない。次のように書いているからだ。

もし私が自身を厳しい審判に晒すなら、戦争中に敵殺害を幇助した廉で罰を受けなくてはならないだろう。まだはっきりわからないのは、ひとつには私のかつての直属の部下の前で、また他方では一般的状況に鑑みて、私にそうする権利があるのかということだ。私は今まで――この比較を許してもらいたいが――一部は現在高位の役職を誇り、あるいは年金を受領している私の同僚たちが、殺害の幇助で訴追されたとか、自ら罪を認めたという話を聞かない。[*10]

一九五二年のうちにアイヒマンは、西ドイツで法廷に立つという決意を家族に告げ、それに続く数年間、この計画を家族に何度も口にしたという。しかも四から六年の刑で済むだろうという予想さえしていた様子である。[*11] 家族と友人たちの説得によってこの計画を思いとどまったアイヒマンではあるが、もしも彼が本当に西ドイツに帰国して裁判を受けていたらどうなったであろうか。当時西ドイツがすでに死刑を廃止していたことはさておき、アイヒマンのかつての同僚たちの例を考えれば、実際それほど長期の刑は下されなかったのではないだろうか。一九五一年、西ドイツ外務省が発足したとき、その指導的職員の三分の二が旧ナチ党員であることが発覚し論議を呼んだが、アデナウアーは「ナチを嗅ぎ回るのはもうやめにすべきだと考える」と議会で述べ、この言葉は政権内で実行力をもっていた。連邦検事局でも、その他の官庁でも旧ナチたちが主導権を握っていた。一九五二年六月にはすでに、アイヒマンがリカルド・クレメントという偽名でアルゼンチンにいることを何者かがゲーレン機関、後の連邦情報局に伝えているのだから、西ドイツの関係者が少し調べれば、アイヒマンの潜伏先は明らかになっていたはずである。[12] しかし、西ドイツの関係者は明らかに、アイヒマンがアルゼンチンでおとなしくしていることを望んでいた。アーレントは、ドイツの大量殺害者たちに対するドイツ司法の「奇怪なまでに寛大な判決」について、数頁を費やして(とくにドイツ語版において)記述している。[13] シュタングネトも次のように言っている。

あまりにも多くの人々が、自分たちの経歴を互いに無害なものに拵え合い、キャリアを築き直していた。だから、もしアイヒマンの〔ドイツ帰還という〕意図について何か知らされていたら、連邦検事局の旧SS隊員〔…〕外務省の職員たちが、アイヒマン裁判の実現を精力的に支援したとは考えにくい。〔…〕その当時かかっていたのは、年金生活者たちの死後の名声ではなく、無実をつくろったことで得た職や、威厳や、給料だったのだから。[14]

彼らにとって幸運だったことに、エルサレムのアイヒマンは共犯者たちのことについて何も語らなかった。それが彼独自の「道徳」観にもとづくのか、あるいは強烈な反ユダヤ主義によるものかは判断できない。いずれにしても、アイヒマンは自分を殉教者のように感じたのに違いない。アイヒマンがサッセンの誘いに乗って討論会に参加して大いに語り、人びとの前に姿を晒したことが後の拉致にもつながったとすれば、その原因は彼の虚栄心であると同時に西ドイツにおける非ナチ化の失敗にある。

アイヒマンの拉致が明らかになると、西ドイツは「イスラエルと西ドイツの間には犯罪人引渡し条項が結ばれていない」ことを理由にして、ドイツ人であるアイヒマンを保護することを拒否し、国内世論も政府のそうした態度を容認した。シュタングネトは「犯罪者国民は、まるでアイヒマン一人が六〇〇万のユダヤ人を殺したかのように見せることを、嬉々として受け入れた」[*15]と強い言葉で当時の西ドイツ国民を批判している。アイヒマンは「自分は他人の代理として法廷に立っているような気がする」[*16]と言う。彼は自分を、ドイツ人全員の罪を被って処刑される贖罪の山羊のように感じていたということになる。最後まで、彼には自分の犯した犯罪の意味がわかっていなかった。

しかし、シュタングネトは、たしかにアイヒマンの罪は犯罪者国民の理想的な代理人となるに十分ではあるものの、それでもこのアイヒマンの言葉は正しいと言う。かつてアーレントは「八千万のドイツ人の社会は、まさに犯罪者たちと同じやり方、同じ自己欺瞞、嘘、愚かさ――それらは今やアイヒマンのメンタリティにしみこんでしまっているものだ――をもって、現実と事実に対して身を守っていたのであった」[*17]と述べてドイツ国民全体の罪を指摘した。シュタングネトは半世紀以上経って、アーレントの言ったことをもう一度繰り返した。シュタングネトの書の功績の半分は、ドイツに二一世紀のいまも残る戦後ナチの影と影響力を指摘したことにある。ドイツ国内の「アイヒマン・ファイル」の多くはいまも閲覧できない状態なのであるから。

(3) イメージ操作と出世欲

アイヒマンにとって反ユダヤ主義や国民社会主義は、確固たる世界観に裏打ちされた思想だったのだろうか。彼にはユダヤ人の遠縁も数人おり、就職に際して便宜を図ってもらったこともある。[*18] アイヒマン伝を書いたデヴィッド・セサラーニによれば、アイヒマン家は非常に熱心なプロテスタントであったが、一家が転居したリンツはカトリックが大多数を占めていた。その結果、少数派であるプロテスタントはドイツに深い親近感を抱き、国家主義的な思想によって相互に結びついていたという。[*19] カルテンブルンナーの勧めでSSに入ったのも、そうした雰囲気に馴染んでいたためであろう。そしてSSは反ユダヤ主義を堂々と政策に掲げた組織だったので、出世のためにユダヤ人迫害に関与することになったのではないか。セサラーニの言葉を借りれば「数百万のドイツ人やオーストリア人と同様に、アイヒマンは将来の国民社会主義者を製造するのにただ偶然に寄与した環境で社会化され政治化されたのである」[*20]。

SD(SS情報部)やRSHA(国家保安本部)内での彼の同僚のほとんどは大学卒の人間であり、博士号をもつ者も多かったため、何の課程も修了していないアイヒマンが出世するには、ユダヤ人政策において業績を上げるしかなかった。そのためには、自分はユダヤについての知識を豊富にもっている、と周囲に信じさせる彼の演技力が役立った。一九三九年以降の新聞記事はアイヒマンについて、パレスチナのドイツ人入植地サローナの出身で、イディッシュ語とヘブライ語を話す、と誤った情報を載せている。[21] この「サローナ伝説」を広めたのはアイヒマン自身であったし、実際はイディッシュ語はほんの少ししか話せず、ヘブライ語は学習を試みたものの、ほとんどできない状態のままだった。それでも、わずかの単語を巧みに使い、「完璧なるヘブライ学者」という印象を与えることに成功していたのである。[22] 彼には、ほんのわずかな知識で効果的に自分を引き立てる才能があったのだ。

ブエノスアイレスで、逃亡中の身でありながら長広舌をふるったのも、重要人物としてスポットライトを浴びるという快感に抗うことができなかったからでもある。かつてヨーロッパの西半分を公用車で走り回り、要人たちと会談した栄光の日々の思い出が彼に甦ったであろうことは間違いない。彼はこう書いているのだから。

「今こそ匿名状態から抜け出し、名のり出る時だ」
氏名　アドルフ・オットー・アイヒマン
国籍　ドイツ
職業　SS上級大隊指導者（退役）[23]

アイヒマンはまた、書くことに魅入られてもいた。サッセン家での討論会に参加したのも、合同で本を書き、ドイツで出版するという彼らの企画に魅了されたからである。先に引用した「一堂への短い結語」も、そもそもは本になることを想定して彼が準備した、しめくくりの文章だった。本に自分の名を残すという野望は、場違いな話をして場をしらけさせるかもしれないという洞察に勝っていたのである。拉致後も、イスラエル到着直後から新しい文章を書き始めている。「回想録」や戦後の潜伏生活を記録した「わが逃走」を書き、さらに、三五六四頁になった尋問の調書も、いずれ本になることを想定して毎日記録しては弁護人を呆れさせている。裁判に先立って尋問を担当し、ほぼ三〇〇時間アイヒマンと対峙したイスラエルの警察中尉アヴナー・レスに向かって「現在と将来の若者たちへの警告としてこの恐ろしいことについての本を書かせてほしい」[*24]と述べ、法廷でも、「許されるなら、後世のために本を書き残したいと思います」と裁判長に向かって発言している。エルサレムでアイヒマンは約八〇〇〇頁の文書を残し、絞首台に連行される瞬間まで家族に手紙を書き続けていた。これは延命を図るための単なるポーズやペダンチックな几帳面さを超えている。こうした異常なまでの執筆欲は、死後も自分の名を遺すために選んだ、不滅への意思の表れではないだろうか。

拉致後のアイヒマンは、卑屈なまでに従順で模範的な囚人となり、嬉々として尋問に応じている。イスラエル人によって拉致されたことがわかると、アイヒマンはまず、ホロコースト関連の書籍を読みたい、と求めた。そしてすでにアルゼンチンの討論会で十分に読み込んでいたものであるにもかかわらず、ようやくいま、こうした本を読めることを、尋問官の前で、ため息混じりに残念がってみせたという。独房のなかで山積みになった本を前に熱心に何事か書きつけているアイヒマンの写真はインターネット上に出回っている。また、独房を掃除し、洗濯物を室内にきちんと干す彼を写した写真もある。[*25] 最後に彼が選んだ役割は、「狂信的国民社会主義には無縁の用心深い官僚、学問好きで啓蒙と国際主義を好み、自然を愛する普通の男」[*26] だった。

アルゼンチンの旧ナチ仲間の前で披瀝した、反ユダヤ主義者にして退役したSS上級大隊指導者としての顔、そしてエルサレムで見せた、浄化されたナチとしての従順な模範囚、いったいどれが真のアイヒマンなのだろうか。シュタングネトはアルゼンチンのアイヒマンこそ、「仮面を外したアイヒマン」[*27] であると言う。しかし、彼はその「自己演出」の才能によって、周囲の状況に合わせ、最も有利なイメージを演出しただけではなかったかとも思える。本当の彼はどこにいるのだろうか。彼は周りの人びとの期待を映し出す鏡のようなものにすぎず、第三帝国ではそれによって出世を成し遂げ、アルゼンチンでは仲間の注目を集め、イスラエルでは死刑を逃れて生き延びようとしただけではなかったか。裁判を傍聴したオランダ人作家ハリー・ムリシュは、アイヒマンの「回想録」の序章を読んで、次のように書いている。

これは何なのか、私は説明したい。これは嘘である。すべてはつじつまが合っているが、ここには真実の言葉は何もない。彼は、思慮深い人間ならこう書くだろうと思っているのだ。またしても、彼自身が書いているのではない。そんなことは不可能だ。彼は存在していないのだから。彼は、他人を通して存在しているに過ぎない。しかし、——才能の欠乏によって——嘘だけが彼の真実でありうる限り、彼が書いていることのすべては正しい。彼は真の人間ではない。その出現形態（Erscheinungsform）にすぎない。[28]

（4）第三帝国とアイヒマン

アーレントはアイヒマンについて「どちらかといえばあまり知性に恵まれていない」[29]と判断しているが、尋問官レスは、その覚書のなかで繰り返し、アイヒマンの優れた記憶力に言及しており、その知性についても「独立独歩の、広範な知識を持った、高度に知性的かつ高度に巧みな男」[30]と判定している。彼は巧みな弁舌で検事たちに反論し、ムリシュの観察によれば、交互尋問が終了した時点で、アイヒマンは対抗する検事長ハウスナーより優位に立っていた。[31]シュタングネトも次のように言う。言葉どおりに読めばそれはアイヒマンに対する積極的評価のようにも響く。

アイヒマンはアイディアマン、実行者、改革者であり、しかも最初からそうだったのです。彼はウィーンであるポストに招聘されたわけではありません。自分でこのポストを作ったのです。彼は、新しいアイディアを実行に移す、創造的な非官僚主義的人物とみなされていました。ことユダヤ人迫害の先鋭化が問題になる際にはまさしく創造性で溢れんばかりだったのです。[32]

アーレントも彼の「組織能力と交渉能力」[33]は認めている。しかし、それを使って彼が成し遂げたことは何だろうか。まずウィーンで、ユダヤ人を首都のゲットーに集め、劣悪な環境に置いて海外移住への圧力を高め、その際、ユダヤ人から不当なレートで財産を巻き上げるというシステムをつくったことが彼の最初の功績だった。この方式を後にドイツやプラハで実施することで出世を果たした。その際、ユダヤ人を集団で移送するという難題を解決するために、ユダヤ共同体の指導者たちに、移送するメンバーの名簿を提出させ、移送に立ち会わせるという方法をとった。ハンガリーでは、収容所で抹殺される運命のユダヤ人に命じて、故郷にいる親族に葉書を書かせた。[*34] こうしたことは、実務遂行能力と言うより、倒錯した非人間的嫌がらせと言うほうが適切である。「非官僚的」という言葉について言えば、ヨーロッパ・ユダヤ人の絶滅という前代未聞の業務を担当する独立した省庁など以前には存在しなかったのだから、アイヒマンの仕事が「前例に囚われない」、「省庁横断的」かつ「非官僚的」なものになるのも必然である。サッセンたちを相手に繰り広げられるアイヒマンの自慢話は、こうしたさかしまな世界の不気味さをよく示している。ユダヤ人追放を担う機関は彼の「最初の子供」であり、そこで彼は「創造的に活動する」ことができ、絶滅と移送の計画が「生み出された」ということになっている。[*35] 彼の「創造性」は、日常の用語では「破壊性」である。ユダヤ人虐殺について、強制収容所での拷問について、ネクロフェリア的なナチ談義を彼らは嬉々として繰り広げている。

アイヒマンは無能ではなかったが、彼の知性はナチのような不法国家においてのみ評価される類のものである。彼は単純な命令受領者ではなかった。「もしもヒトラーが、ユダヤ人を殺すのではなく、船でパレスチナへ連れて行き、そこにユダヤ人国家をつくるようアイヒマンに命じていたなら、彼はその通りのことをしていただろう」[*36]と書いたのは、ナチ・ハンターのジーモン・ヴィーゼンタールだが、彼は間違っている。尋問官レスが断言したように「アイヒマン氏の組織力はこの犯罪との関係の中でのみ、めざめることができた」[*37]のである。

アイヒマンの倒錯した素質は何に由来するのかはあらためて論じるべきであろうが、この時代、SSという犯罪集団に親和性を感じ、そこに居場所を求めたのはアイヒマン一人ではなかった。彼の精神鑑定を担当した医師は次のように結論している。「アイヒマンと第三帝国は相互に共棲関係にあった。彼は、腸内で増殖する、取るに足りないバクテリアのようにナチ組織の構造の中に住んでいた。相互に彼らは搾取し、補いあった」[*38]。

(5)〈悪の凡庸さ〉は無効になったのか

二〇世紀に人びとの間に浸透していたアイヒマン像はいくつかの修正を迫られている。では、〈悪の凡庸さ〉は無効になったのだろうか。それを問うには、まず、アーレントの言う「凡庸さ」の真意を検討しなくてはならない[*39]。Banalität という単語は、ヤスパースが弟子アーレントに送った一九四六年一〇月一九日の手紙のなかに登場する。ナチの犯罪に「法の枠にはおさまらない」「いっさいの法秩序を超え」るものを見ようとした弟子を諌めるため、ヤスパースが使った言葉である。アーレントの考え方はナチの悪行に一種の「悪魔的な偉大さ」を与えかねないものであると師は危惧し、「思うにわれわれは、ことは実際にそうであったのだから、ことをその完全な凡庸さ（in ihrer ganzen Banalität）において、そのまったく味気ない無価値さにおいて、とらえなくてはいけない」と書き送った。[*40]

その後もしかし、ナチの犯罪と利己的な殺人との間には理解を超える断絶があるのではないかという考えをアーレントは完全には払拭できなかったようである。それを考えるために向かったエルサレムで見たアイヒマンは、そうした「悪魔的な偉大さ」とは程遠い人物だった。しかし、アーレントは何の説明もなく唐突にこの単語を使い、しかもそれを本の副題にまでしてしまった。シュタングネトは次のように述べてアーレントの説明不足について言及し、その書を弁護している。

〈悪の凡庸さ〉は哲学的概念で、悪についての非常に興味深く、優れた、欠くべからざる概念です。ハンナ・アーレントはそれをただ、不利な文脈上で使ってしまいました。私自身も哲学者です。私たちが自分の思想全体をまず、雑誌に発表し、その後注釈なしに一冊の本にまとめるという失敗をするとき、大抵はうまくいかないのです。ハンナ・アーレントにとってもよく似たようなことが起きました。彼女は自分の概念を、自分がしたかったようには説明できなかったのです。[*41]

アイヒマンの悪は、ありふれた平凡なものではなかった。しかし、その悪は「いっさいの法秩序を超え、それを打ち砕いてしまう」[*42]超越的なものとは縁遠い。エルサレムでアーレントはかつてヤスパースが書き送った言葉を思い出したに違いない。ことをその完全な凡庸さにおいて捉えるべきである、という忠告と、

「バクテリアはあまたの民族を破滅させるほどの伝染病を惹きおこすことはあるにしても、それでもやはりたんなるバクテリアに過ぎないのです」[*43]という言葉である。

二人の精神医学者が、奇しくもナチの犯罪者をバクテリアに例えている。バクテリアはありふれたものであるが、衰弱した人間の健康を損ない、破滅させることもできる。どうして高い文化を誇ったはずのドイツが不法国家となってしまったのか、それは一つの理由だけでは説明できない。社会の底に連綿と存在し続けている反ユダヤ主義と反知性主義、第一次世界大戦の敗北によるヴァイマル期の混乱、世界大恐慌による大量の失業者、デマゴーグ・ヒトラーの登場、抑圧を伴う厳しい教育によって神経症的な病理を抱え、暴力的雰囲気に親和性をもつ大衆の存在、こうした出来事や現象は個々に見れば世界史上ありふれたものであり、どこの国にでも見られる。しかし、それが不幸な偶然によって一直線に並んだ結果、相互に破滅的な影響を与え合い、あまたの民族に想像を絶する苦難を与えたのである。[*44]

〔注〕

＊1　L・ケーラー／H・ザーナー編、ハンナ・アーレント／カール・ヤスパース著『アーレント＝ヤスパース往復書簡――1926-1969』(1)、大島かおり訳、みすず書房、二〇〇四年、一九二頁。

＊2　Bettina Stangneth, *Eichmann vor Jerusalem. Das unbehelligte Leben eines Massenmörders.* Zürich-Hamburg, 2011.(＝ベッティーナ・シュタングネト『エルサレム〈以前〉のアイヒマン――大量殺戮者の平穏な生活』香月恵里訳、みすず書房、二〇二一年、一七頁から引用。以下、同書からの引用は邦訳の頁数を記す)。

＊3 シュタングネト以前にも、デヴィッド・セサラーニをはじめ、アーレントに端を発するアイヒマン像に疑問をもった研究者は存在する。柴嵜雅子「アードルフ・アイヒマンの罪」『国際研究論叢――大阪国際大学紀要』第一九巻第一号、二〇〇五年一〇月、一一一－一二九頁参照。

＊4 Léon Poliakov/Josef Wulf, *Das Dritte Reich und die Juden*, München, New York, London, Paris, 1978, S. 218-222 参照。

＊5 シュタングネト『エルサレム〈以前〉のアイヒマン』一二〇頁。

＊6 同前、四二四頁から引用。

＊7 ハンナ・アーレント『新版 エルサレムのアイヒマン――悪の陳腐さについての報告』大久保和郎訳、みすず書房、二〇一七年、三二九頁。

＊8 同前、二三頁。

＊9 シュタングネト『エルサレム〈以前〉のアイヒマン』一七四頁参照。

＊10 アイヒマンの手稿「私的なこと（Persönliches）」七頁。シュタングネト『エルサレム〈以前〉のアイヒマン』二八〇頁から引用。

＊11 シュタングネト『エルサレム〈以前〉のアイヒマン』二九八頁参照。

＊12 同前、一六七－一六九頁参照。

＊13 アーレント『新版 エルサレムのアイヒマン』一六－二五頁参照。

＊14 シュタングネト『エルサレム〈以前〉のアイヒマン』四四八－四四九頁。

＊15 同前、四九八頁参照。

＊16 同前。

＊17 アーレント『新版 エルサレムのアイヒマン』七三頁。

＊18 David Cesarani, *Eichmann. His Life and Crimes*, London, [2004] 2005, p. 23 参照。

＊19 Ibid., p. 26 参照。

*20 Ibid., pp. 28–29.

*21 シュタングネト『エルサレム〈以前〉のアイヒマン』四〇頁。

*22 アルゼンチンで出会った人間にも、アイヒマンは「上手なフランス語を話す」という事実と異なる印象を与えることに成功している。シュタングネト『エルサレム〈以前〉のアイヒマン』一五六頁参照。

*23 アイヒマンの手記「他人は話した。今度は私が話す番だ！」シュタングネト『エルサレム〈以前〉のアイヒマン』二八三頁から引用。

*24 Avner Werner Less, *Lüge! Alles Lüge!. Aufzeichnung des Eichmann-Verhörers*. Rekostruiert von Bettina Stangneth, Zürich-Hamburg, S. 124f.

*25 グイド・クノップ『ヒトラーの共犯者』（下）、高木玲訳、原書房、二〇〇一年、八二頁参照。

*26 シュタングネト『エルサレム〈以前〉のアイヒマン』五〇一頁。

*27 "Eichmann hat eine perfide Show abgezogen", *Welt am Sonntag*, 03. 04. 2011, http://www.welt.de/print/wams/kultur/article13053660/Eichmann-hat-eine-perfide-Show-abgezogen.html（二〇一三年三月四日閲覧）。

*28 Harry Mulisch, *Strafsache 40/61. Eine Reportage über Eichmann-Prozeß*. Aus dem Niederländischen von Johannes Piron, Berlin, 1996, S. 185.

*29 アーレント『新版　エルサレムのアイヒマン』一八九頁。

*30 シュタングネト『エルサレム〈以前〉のアイヒマン』三〇七頁参照。

*31 Mulisch, *Strafsache 40/61*, S. 195 参照。

*32 "Eichmann hat eine perfide Show abgezogen"

*33 アーレント『新版　エルサレムのアイヒマン』六二頁。

*34 アウシュビッツに移送したハンガリーのユダヤ人をガス室に送る前に、彼らに命じて故郷の親族に「ここはとても素敵なリゾート地だから、いっぱいになる前に早く来るように」という内容の葉書を書かせた。ドキュメンタリー映画 *Erscheinungsform-Mensch: Adolf Eichmann* 中のガブリエル・バッハの証言 https://

youtu.be/8BDavSQ8Gfw（二〇二三年三月四日閲覧）。またクノップ『ヒトラーの共犯者』（下）、六二頁も参照。

＊35 シュタングネト『エルサレム〈以前〉のアイヒマン』三七〇頁参照。

＊36 ジーモン・ヴィーゼンタール『ナチ犯罪人を追う――S・ヴィーゼンタール回顧録』下村由一・山下達夫訳、時事通信社、一九九八年、八三頁。

＊37 Mulisch, *Strafsache 40/61*, S. 177.

＊38 I.S. Kulcsar, Shoshanna Kulcsar and Lipot Szondi, Adolf Eichmann and the Third Reich, In: Ralph Slovenko, *Crime, Law and Corrections*, Springfield, Illinois, USA., 1966, p. 51.

＊39 これ以下については、香月恵里「アイヒマンの悪における「陳腐さ」について」『ドイツ文学論集』（日本独文学会中国四国支部）第四九号、二〇一六年、六四－六六頁参照。

＊40 ケーラー／ザーナー編『アーレント＝ヤスパース往復書簡』（1）、七一頁参照、訳語を一部変更。

＊41 newsletter 37, Februar 2013, Haus der Wannsee-Konferenz, S5. https://www.ghwk.de/fileadmin/Redaktion/PDF/Newsletter/newsletter37.pdf（二〇二三年三月四日閲覧）。

＊42 ケーラー／ザーナー編『アーレント＝ヤスパース往復書簡』（1）、六二頁。

＊43 同前、七一頁。

＊44 なお本稿は、二〇二一年九月一一日に開催された日本アーレント研究会第一九回研究大会での報告を元にした拙稿「悪の陳腐さは無効になったのか――エルサレム〈以前〉のアイヒマンを検討する」（『Arendt Platz』第七号）に加筆・修正を施したものである。

2 〈机上の犯罪者〉という神話
――ホロコースト研究におけるアイヒマンの位置づけをめぐって

田野大輔

はじめに――アイヒマンは〈凡庸な役人〉だったのか?

〈悪の凡庸さ banality of evil〉とは一般に、ごく平凡な人間が職務の遂行を通じて巨大な悪の加担者になってしまう事態を指すものと理解されている。一九六一年のアイヒマン裁判を傍聴したハンナ・アーレントが裁判報告『エルサレムのアイヒマン』のなかで提起したこの概念は、彼女自身の説明の曖昧さも手伝って、ユダヤ人大量殺戮=ホロコーストの主導者の一人であるアドルフ・アイヒマンを職務に忠実なだけの〈凡庸な役人〉、上からの命令を伝達する「歯車」と見るような偏ったイメージで人口に膾炙するにいたっている。[*1]

ベッティーナ・シュタングネトの著作『エルサレム〈以前〉のアイヒマン』が大きな反響を呼んだのは、そうした一般的なイメージを綿密な調査で突き崩したことによると言えるだろう。裁判に出廷する前、アルゼンチンに逃亡中のアイヒマンの足跡を精査したシュタングネトは、この親衛隊中佐が主体的な判断を持ち合わせない小役人などではなく、熱意と誇りをもって職務に邁進する確信的なナチだったことを明らかにしたが、アーレントの問題提起以来、裁判で「命令に従っただけ」との弁明を繰り返すアイヒマンの卑小な姿に〈悪の凡庸さ〉を見出すのを常としていた多くの人びとにとって、この〈自覚的な犯罪者〉のイメージが大きな衝撃を与えるものだったとしても不思議ではない。[*2]

もっともこのような反応は、いささか遅きに失した感も否めない。ナチズム・ホロコースト研究の分野では、アイヒマン＝〈凡庸な役人〉という見方はとうに否定されており、そのことはシュタングネトの著書の公刊以前から、研究者の間ではなかば常識化していたからである。近年ではさらにはっきりと、アイヒマンはけっして「分業化された全体主義的機構の歯車、自分の活動がもたらす結果を想像できない人間」ではなかったとして、彼に〈悪の凡庸さ〉を認めること自体に異議を唱える論者もいる。[*3]〈悪の凡庸さ〉の概念は哲学的思弁としてはともかく、歴史的実証に耐えるものではないという見方が、斯界ではすでに主流となっていると言ってよい。

そのことを踏まえるとなおいっそう注目に値するのは、一九六一年の裁判の時点でアイヒマンの主導的役割が広く認知されていたにもかかわらず、アーレントがそれを過小評価、あるいは少なくとも相対化するような問題提起を行ったことである。裁判に前後してホロコーストの全容を明らかにしたジェラルド・ライトリンガーとラウル・ヒルバーグの先駆的著作が刊行されており、アーレント自身も裁判報告の執筆にあたって両者の著作を参照したことを認めているのだが、ライトリンガーもヒルバーグも自著のなかで豊富な史料を提示しながら、アイヒマンがユダヤ人絶滅政策の中核を担うキーパーソンとして卓越した組織力と創造性を発揮した事実を明らかにしているのである。[*4] ヒルバーグは後年、このユダヤ人移送局長官の罪の重大さを強調しつつ、アーレントがそこに〈悪の凡庸さ〉を見出したことを辛辣に批判している。「この『悪』のなかにはけっして『凡庸さ』などは存在していなかった」。[*5]

アーレントとホロコースト研究者の間で、このような見解の対立が生じているのはなぜなのか。アイヒマンの位置づけをめぐって、両者の認識はどこで食い違っているのか。シュタングネトの著作が突きつけた〈悪の凡庸さ〉の有効性如何という問いに答えるためにも、この点の検討は不可欠である。これによってアーレントの問題提起の限界と、それを克服する可能性を示すことが可能となろう。やや結論を先取りして言えば、こうした検討を行ううえで役に立つと考えられるのが、近年のホロコースト研究で注目されている〈机上の犯罪者 Schreibtischtäter〉の概念である。そこで本稿では、〈悪の凡庸さ〉に代えてこの概念を検討の主軸に据えることで、実証史学の要求水準を満たしつつ、アイヒマンらホロコースト加害者の役割の解明につながるような研究上の方向性を提示することを試みたい。[*6]

（1）アーレントとヒルバーグの確執

アイヒマンの位置づけをめぐる対立の影で見過ごされがちだが、アーレントの裁判報告は実はホロコースト研究の基本的方向性を踏襲している。それはホロコーストを無数の官僚たちによる〈行政的犯罪〉と見る視点で、ヒルバーグの著作『ヨーロッパ・ユダヤ人の絶滅』の中心的な命題となっているものである。アーレントがヒルバーグの研究を参照したことは彼女自身も認めているのだが、そのことがかえって両者の対立に拍車をかける結果となったことは皮肉である。ヒルバーグにしてみれば、この政治哲学者が歴史的事実に関して自分の研究に大きく依拠しながら、一般的考察のレベルで〈悪の凡庸さ〉という結論を提示したことは、不当な曲解としか考えられなかった。こうした批判的な姿勢の背景には、膨大な史料を精査して大著を物しながら、学界の黙殺と非難に直面したヒルバーグの怨恨が存在していた。彼が回想録に記しているように、アーレントに自説を恣意的に利用され、彼女の見当はずれの結論と同一視された点にこそ、自身の学術的評価が遅れた一因があると考えたのである。[*7]

ヒルバーグがアーレントを目の敵にした理由には、さらに個人的でスキャンダラスな事情も含まれていた。一九五〇年代後半、後に『ヨーロッパ・ユダヤ人の絶滅』として出版される博士論文の出版社探しに奔走していたヒルバーグは、五九年三月にプリンストン大学出版局から断りの返事を受け取ったが、このとき同出版局がほかならぬアーレントに原稿の査読を依頼していたことが、彼女宛の書簡から判明している。[*8] 査読結果を記した書簡は見つかっていないが、出版局が下した判断の根拠にはアーレントの否定的な評価があったと考えるのが自然だろう。アーレントがヤスパースに送った書簡からは、彼女がヒルバーグの研究を「事実報告」として評価しつつも、全体的な考察には不満を抱いていたこともわかっている。「彼はかなり馬鹿で、狂っています。〔…〕彼の本は本当に素晴らしいんですが、それはそれが単なる事実報告だからです。より一般論的な序章は焦げた豚以下です」[*9]。ずっと後になってからこれらのやりとりの存在を知ったヒルバーグは、自著の出版に反対しておきながら、それに依拠して裁判報告を書いたアーレントの不誠実な態度に憤慨し、「剽窃」と非難するにまでいたっている。[*10]

アーレントが「剽窃」をしたかどうかはともかく、彼女がヒルバーグから〈行政的犯罪〉としてのホロコーストという視点を受け継ぎ、そのうえで〈悪の凡庸さ〉という問題提起を行ったことは間違いないところである。[*11]このねじれた関係を理解するためには、アーレントがいったい何を「凡庸」とみなし、どこでヒルバーグと異なる結論に向かったのかを明らかにする必要があろう。アーレントが〈悪の凡庸さ〉の概念を明確に定義することなく用い、その曖昧さがさまざまな誤解や混乱を生んでいる現状を考えると、この点の検討はいっそう急務である。

(2) 何が「凡庸」なのか?

まず最初に確認しておきたいのは、彼女が〈悪の凡庸さ〉という言葉でアイヒマンの罪を軽視したわけでも、ましてやホロコーストの非道さを看過したわけでもないことである。〈悪の凡庸さ〉という表現にはアイヒマンの「悪」を「凡庸」なものと片づけたと誤解されかねない面があり、実際にそのことが多くの人びとの反発を招いたのだが、裁判報告のなかでホロコーストを「巨大な前代未聞の犯罪」と呼び、「あの時代の最大の犯罪者の一人」であるアイヒマンへの死刑判決を支持している点からして、アーレントにこの男を免罪しようという意図がなかったことは明白である。[*12]彼女はむしろ、アイヒマンのような

「凡庸」な役人が史上類を見ない犯罪に加担した事実を問題にしたのであって、ここで検討する必要があるのはほかでもなく、彼がいかなる意味で「凡庸」と言えるのか、そうした見方がはたして妥当なのかという点である。

アイヒマンが一般に考えられるような「冷酷非情な怪物」でも、大量殺戮に快楽を覚える「倒錯したサディスト」でもないという意味でなら、彼を「凡庸」と呼ぶことに異議を唱える者はいないだろう。[*13] アーレントの指摘はその点では広く受け入れられており、これに示唆を受けて行われたミルグラム実験によって心理学的にも裏づけられている。だがこのユダヤ人移送局長官が上から与えられた任務を粛々と遂行する〈凡庸な役人〉にすぎなかったかのような印象を与える彼女の説明に対しては、ホロコースト研究者の評価は一様に厳しい。「最終解決」の立案・遂行におけるアイヒマンの主導的役割は多くの研究によって裏づけられており、彼が法規や命令を遵守するだけの杓子定規な官僚ではなかったことも明らかになっているからである。この男はウィーンのユダヤ人移住本部に勤務していた時期から、前例を打破してめざましい成果を上げるクリエイティブな組織者として名を馳せていた。彼は戦時中もベルリンの国家保安本部でデスクワークだけをしていたわけではなく、東欧各地の殺戮現場へと頻繁に出張し、特別行動部隊による銃殺や絶滅収容所でのガス殺までも実見していたのだった。[*14]

アーレントの裁判報告を読むと、彼女がアイヒマンの「凡庸さ」を「完全な思考欠如 thoughtlessness」――自分がいったい何をしているのか、その行為がどんな結果をもたらすのかについての思考と想像力がまったく欠けていること――に見出しているらしいことがわかるが、[*15] この点についてもホロコースト研究者の見方は否定的である。多数の文書や証言から、アイヒマンは自分が何をしているかを明確に理解していたばかりか、それをドイツ民族にとって正当なこと、ユダヤ人移送の責任者たる自らに課せられた歴史的使命とまで考えて実行していたことが明らかになっている。シュタングネトの著作はアイヒマンの戦後の言動を精査することでこの点を異論の余地なく実証したわけだが、後述するようにヒルバーグも彼が絶滅政策の全体像を把握しうる立場にあったことを強調していた。ただしここで補足しておくと、これは「最終解決」が一貫した明確な計画に従って実行されたということを意味するものではない。ホロコーストは場当たり的な政策や措置の積み重ねから生じたものであって、当初から絶滅のマスタープランが存在したわけではないことは今日では広く認められている。[16]

さらにまた、アイヒマンが自覚的に職務を遂行していたとは言っても、反ユダヤ主義的な憎悪に駆られて絶滅を推進したわけではないことも明らかになっている。デヴィッド・セサラーニの評伝が明らかにしているように、ユダヤ人に対する彼の個人的な憎悪は希薄で、その反ユダヤ主義は抽象的なイデオロギーの次元にとどまっていたと考えられる。[17] それではなぜ、この男は自らの任務に情熱を燃やしたのか。この点について、アーレントは「自分の昇進にはおそろしく熱心だったということのほかに彼には何らの動機もなかった」[18]と述べているが、仕事で実績を上げて名声を得たいという出世欲や功名心が彼を突き動かしていたという見方は、多くの研究者に共有されている。見解が分かれるのは、そうした動機に「凡庸さ」を認めるかどうかという点である。アイヒマンが絶滅政策を推進したのは、誰もが抱くような出世欲に駆られたからだったのか。それとも反ユダヤ主義イデオロギーを信奉し、確信的かつ情熱的に職務を実行しためだったのか。

アイヒマンが他の官僚たちと同様、出世のためという「凡庸」な動機から「悪」に加担したという意味で〈悪の凡庸さ〉の概念を理解すれば、アーレントはこれによって無数のアイヒマンたちの犯罪、つまり〈行政的犯罪〉の普遍性を問題にしようとしたのだと言うことができるかもしれない。[*19] 彼女がアイヒマンの「悪」に「普遍的性質の諸問題」を見出していたこと、しかもそれを普遍性の名のもとに免罪しようとしていなかったことは事実である。[*20] だがそれでもこうした見方は、ホロコースト研究者の目には絶滅政策におけるアイヒマンの主導的役割を軽視し、彼を突き動かした反ユダヤ主義イデオロギーの重要性を看過したものに映ってしまう。ホロコーストが無数の官僚たちによる〈行政的犯罪〉であることは間違いないとしても、アイヒマン個人の罪をその「普遍的性質」に還元するのは歴史研究の立場からは当を失したものと言わざるをえないのである。アーレントとホロコースト研究者の間の見解の対立は、究極的にはアイヒマンが発揮した創造的なイニシアティブをどう捉えるべきか、その際にイデオロギーが果たした役割をどう見るかという点にあると言えるだろう。

こうしたアーレントとホロコースト研究者の見解の対立は、法則定立的な政治学と個性記述的な歴史学の基本的方向性の違いを反映している面がある。これは一九七〇年代以降のナチズム研究を規定してきた原理的対立、つまりホロコーストの決定要因をナチ体制内部の権力構造に見る「機能派」と、それをヒトラーらナチ党指導部の世界観やイデオロギーに見る「意図派」の対立とも関連している。ヒルバーグは行政機構の政策決定過程を重視する点で基本的に「機能派」の立場を先取りしており、〈行政的犯罪〉がいつどこでも生じうるという意味での普遍性を認めてもいるのだが、他方でホロコーストをそうした犯罪の「特殊例」とみなし、アイヒマンの役割を「機能」に還元することを慎重に避けている（後述するように、彼は反ユダヤ主義イデオロギーの役割にも一定の考慮を払っている）。その点からすると、彼は〈行政的犯罪〉の普遍性と特殊性の双方を強調する中間的な立場をとっていると言える。[*21] ここで考える必要があるのは、アイヒマンの主導的役割やその歴史的個性、主観的意図やイデオロギーの重要性を無視することなく、〈行政的犯罪〉の何をどこまで一般化・普遍化できるのかという問題である。

ヒルバーグ以降のホロコースト研究の進展を踏まえると、この点を見極めるためには普遍性を偏重する〈悪の凡庸さ〉の概念とは別の角度から〈行政的犯罪〉の問題を考察する必要があると考えられる。この問題をめぐる近年の議論において注目されているのは、〈机上の犯罪者〉の概念である。[*22] ヒルバーグは自著のなかでこの言葉を使っていないのだが、それが指示する内容をさまざまな形で俎上に載せている。〈机上の犯罪者〉の概念を主軸に据えて彼の研究を再検討することで、アイヒマンの役割をどんな形で〈行政的犯罪〉のなかに位置づけるべきかという上記の問いへの回答も得られるはずである。

（3）〈机上の犯罪者〉のイニシアティブ

〈机上の犯罪者〉とは一九六〇年代のアイヒマン裁判やアウシュヴィッツ裁判をめぐる論争のなかから登場した概念で、アイヒマンら中央官庁でユダヤ人絶滅の指示を行った官僚たちを指すものである。アーレントの〈悪の凡庸さ〉との関連性も指摘される概念だが、官僚機構内の職位と権限に依拠して命令を立案・伝達し、現場の人間に非道な犯罪を遂行させる黒幕的な存在、現代の行政機構の破壊力を解き放つ新たな犯罪者のタイプという警鐘的な意味合いも込められている。[*23] ヒルバーグの次の説明は、〈机上の犯罪者〉のそうした特徴を端的に表現している。「官僚のほとんどは覚書を書き、計画を立案し、電話で相談し、会議に出席したにすぎなかった。彼らは机に向かったまま、一つの民族全体を絶滅させたのだ」。[*24] ヒルバーグの著作における〈机上の犯罪者〉の類型を考察したディルク・ローゼの論考によると、そこには次の二つの特徴が見られるという。[*25]

一つ目の特徴は、「現場からの距離」である。ヒルバーグによれば、絶滅政策を担った官僚たちのほとんどは中央から指示を出しただけで現場で殺戮の任務に従事しなかったが、そのことが自らの所業への内面的抵抗を軽減させる効果をもった。「今日では、加害者は犠牲者に触れることなく、声を聞くこともなく、見ることもなく、殺害できるのである。加害者は成功を確信し、その影響から守られていると実感できる」。[*26] 遠いどこかで行われている殺戮から目を背けながら、自分に課せられた事務仕事を淡々とこなす官僚たちの姿勢は、不快な仕事を末端の現場に押しつける「下への責任転嫁」の所産と見ることができよう。

二つ目の特徴は、「歯車としての役割」である。ヒルバーグはヴェーバーの官僚制概念に依拠しつつ、近代の高度に分業化・専門化された行政機構の働きにホロコーストの原因を見出す。[*27] ザッハリヒで合理的なテクノクラートたちの巨大組織がナチの野蛮なイデオロギーを実現可能にしたというのだが、そうした彼の説明には意思決定者から独立して機能する非人格的なマシーンというニュアンスが含まれており、これは戦後の裁判で官僚たちが繰り返した弁明、上司の命令に従っただけという自己正当化の姿勢とも適合的である。[*28] 自らは命令の内容に嫌悪感を抱きつつも、職務上の立場から従わざるをえなかったとするこの無力な歯車のイメージは、犯罪の意思を政治の中枢に押しつける「上への責任転嫁」によるものと言える。

後述するように、こうした〈机上の犯罪者〉の概念は近年の研究によってかなりの程度まで相対化されているのだが、ヒルバーグ自身の説明に後の研究につながるような視点が提示されていることは注目されてよいだろう。第一に、彼は絶滅政策の推進者たちが中央官庁で事務仕事だけをしていたわけではなかったことを指摘している。国家保安本部のエリートたちの多くは特別行動部隊の指揮官として、東欧各地の現場で銃殺に直接従事していたし、アイヒマンも銃殺部隊を率いることはなかったものの、頻繁に殺戮現場を視察して指示を出していた。[*29] こうした事実の指摘は、これら殺人エリートたちの実態の解明につながる視点を提供するものである。第二に、ヒルバーグは絶滅政策の推進者たちが犯罪への加担をはっきりと認識していたことを強調している。殺戮の分業体制が官僚たち一人ひとりの仕事を断片的・日常的なものにし、心理的抵抗や良心の呵責を麻痺させたことはたしかだが、それは彼らが全体の連関を見通せず、巨悪への加担を自覚できなかったことを意味しない。ヒルバーグが指摘するように、「彼らは最小の断片からも作戦全体の途方もない大きさに気づくことができた」のだった。[*30]

近年の研究との関連で言えば、第三に、ヒルバーグが絶滅政策を担った官僚たちのイニシアティブを強調している点も見逃せない。彼によれば、官僚たちは熱意と使命感をもって困難な課題に取り組み、問題の解決にめざましい創造性を発揮した。絶滅の遂行過程でも官僚的なルーティンは存続したが、その過程の進行に障害が生じると、これを打破する新たな方法が開発された。「すべての段階で、彼らは指令がなくても驚くべき開拓者能力を発揮し、法的な指針がなくても調和した行動をとり、明確な指示がないときでも克服すべき課題を深く理解していた」[*31]。彼らの積極的な姿勢は、ヒトラーらナチ党指導部から期待されたことの先取りという面も含んでいた。「ときには上から明確な指図がなくても、時が来たと考えられた」[*32]。アイヒマンの役割についても、ヒルバーグは彼がユダヤ人絶滅という前代未聞の目標を実現するため、行政機構のなかにいかにして活路を見出していったのかを詳細に跡づけている。官僚たちは単に法規や命令に従っただけでなく、それらを超えた決定を行う裁量を有していたのであって、絶滅の組織者としていかにイニシアティブを発揮できるかが、彼らの権力の大きさを規定した。「絶滅プロセスは、まさにその本質において限界がなかった。権力がますます無制限なものになり、自由裁量の余地が広がり、権限が増加したのはこのためである」[*33]。

ちなみに一九四一年に出版されたエルンスト・フレンケルの『二重国家』は、こうした官僚たちの権力とイニシアティブの関係にいちはやく着目している[*34]。彼によれば、ナチ体制のもとでも法治主義にもとづく行政＝「規範国家」は存続したが、他方で法的制約を受けない無制限の恣意と暴力の支配＝「措置国家」も拡大し、それが法の形骸化とイニシアティブの増大をもたらした。アイヒマンら官僚たちがユダヤ人問題でめざましい成果を上げることができたのも、そうした法的状況によるところが大きかったと考えられる。もっともこれはあくまで絶滅政策の推進者たちの活動を制約する状況的枠組みに関わる問題であって、彼らを突き動かした主観的・個人的動機がどういうものであったかを明らかにしてくれるわけではない。ここであらためて問われるべきは、アイヒマンの発揮したイニシアティブと彼の仕事にかける情熱を動機づけていたものは何か、単に出世欲や功名心に突き動かされていただけなのかという点である。

上述のとおり、アーレントはもっぱら昇進をめざすという非イデオロギー的な動機にアイヒマンの「凡庸さ」を見出したわけだが、近年の研究の状況を踏まえると、とくにこの点は見直しが必要だろう。アイヒマンが出世欲や功名心に駆られていたことは事実だとしても、それだけではこの男が犯罪に加担した理由を十分に説明することはできないし、彼がユダヤ人に憎悪を抱いていなかったことも、その行動において世界観やイデオロギーが決定的な役割を果たしたことを否定しない。この点では、ヒルバーグも基本的に官僚たちを冷淡なテクノクラートとして提示し、反ユダヤ主義を彼らの行動の前提条件とみなしてはいないのだが、それでも世界観とイデオロギーの役割をまったく無視していたわけではない。[*35] 彼の見るところでは、ドイツ民族の存続のためには世界観上の「敵」＝ユダヤ人との生存闘争に勝利しなければならないという歴史的使命感と、そのために自らの役割を果たさなければならないという義務の意識が、国家への忠誠心や個人的な名誉欲などと結びついて、殺人エリートたちの過激な行動を動機づけていた。アイヒマンを大量殺戮へと突き動かした動機を理解するうえでは、何と言ってもやはり反ユダヤ主義イデオロギーの役割を無視することはできない。

この点について、ミヒャエル・ヴィルトは反ユダヤ主義がさまざまな動機を結びつける一種の「接着剤」として機能したことを指摘している。「個々の動機はまったく異なっていたのかもしれない。露骨なユダヤ人敵視と同じくらい、物欲、妬み、怒りなども人びとを突き動かしたのだろう。そして反ユダヤ主義的な動機にも、異なった感情や意図が含まれていた可能性がある。〔…〕どんな動機に突き動かされたにせよ、暴力はつねにユダヤ人に向けられた。いずれにしても、公式の人種生物学的反ユダヤ主義は、必ずしも反ユダヤ主義的な動機からではなく、単なる物欲や復讐心などから行動した人びとにも、たやすく手に入る公認の免罪符を与えたのである」[*36]。

絶滅政策を遂行するうえで、官僚たちは必ずしもユダヤ人を憎んでいる必要はなく、むしろ反ユダヤ主義を行動のための大義名分とすることで、さまざまな動機――権力欲や出世欲、経済的安定の希求、同僚に対する責任感など――をもつ彼らの積極的な行動が可能になっていた。アイヒマンら国家保安本部のエリートたちの「理性的反ユダヤ主義」は、一九三八年一一月のポグロム（いわゆる「水晶の夜」）で噴出したような「暴力的反ユダヤ主義」とは別物だったと言えるかもしれないが、それでもなお、彼らが反ユダヤ主義者だったことに変わりはない。反ユダヤ主義を単なる主観的要因に還元するのではなく、多種多様な動機や感情を動員して個々人の行動を方向づける一種の構造的枠組みとして捉え直すことで、絶滅政策の推進者たちの行動はより適切に説明できるようになるだろう。

おわりに

これまで見てきたように、近年のホロコースト研究で注目されている〈机上の犯罪者〉の概念には、大きく二つの類型を認めることができる。一つは命令の実行に直接関与しない命令者、もう一つは命令に受動的に従う服従者である。[*37] あらためて強調するまでもなく、この二つの類型は抽象的な理念型にすぎず、巨悪に加担した官僚たちの行動を説明するには不十分なのだが、上下二つの方向への責任転嫁のメカニズムを視野に入れている点に、問題発見的な意義をもつと考えられる。それはまた、戦後ドイツの「過去の克服」がどこまで達成されたかを考えるうえでの試金石にもなりうるものである。〈机上の犯罪者〉という神話が戦後長きにわたって受容されてきたのは、それが国家総体の犯罪に加担した多くのドイツ人の免罪欲求や自己正当化の願望と一致していたからという面もあるかもしれない。

だがいずれにしても、近年の研究はこの〈机上の犯罪者〉の概念をかなりの程度まで相対化し、無数のアイヒマンたちの積極的な加担を強調している。最後にそうした研究の現状を紹介し、そこから今後の研究の方向性を展望することで、本稿の締めくくりとしたい。

第一に、近年の研究では〈机上の犯罪者〉から〈現場の犯罪者 Direkttäter〉へと関心の焦点が移行している。そうした研究に先鞭をつけたのが、ユダヤ人の射殺や移送を担った警察大隊の行動を分析したクリストファー・ブラウニングの著作である。[*38] 彼によれば、東欧の殺戮現場でも殺害の命令は強制的なものではなく、銃殺やゲットー解体などの「汚れ仕事」は隊員たちの自発的な服従によって実行されたという。こうした視点をさらに発展させる形で、殺戮部隊を組織社会学的な観点から分析し、個々のメンバーの行動可能性を規定する人間関係のネットワークとして捉え直した研究も登場している。[*39] これらの研究は、ヒルバーグが依拠するヴェーバー的な官僚制概念、命令を実行する非人格的なマシーンという見方を克服する視点を提示するものとして注目される。

第二に、近年の研究では加害者における世界観やイデオロギーの役割を重視するアプローチも優勢になっている。こうした方向の研究として筆頭に挙げられるのは、国家保安本部の幹部たちを「無制約の世代」として分析したミヒャエル・ヴィルトの研究である。*40 彼によれば、これら「世界観のエリート」たちは法令や規則にとらわれることなく創造的な組織能力を発揮し、絶滅の遂行過程で不可能を可能にする役割を果たした。彼らの多くは虐殺部隊を率いて東欧で殺戮に直接関与し、豊富な現場経験も積んでいた（ただし虐殺の実行者たちについては、これを「普通の男たち」と見るか、「普通のドイツ人」と見るかでイデオロギーの役割を重視する度合いは異なる）。アイヒマンを〈自覚的な犯罪者〉として描き出したシュタングネトの研究も、そうした「イデオロギーの復権」とも呼ぶべき潮流に棹さすものと見ることができよう。

このようにホロコーストの加害者が単に上司の命令を実行しただけでなく、多かれ少なかれ自分の意思で迫害に加担したことは、今日ではさまざまな角度から明らかにされている。アイヒマンのような中央官庁の官僚たちはもちろんのこと、現場で虐殺を実行した部隊のメンバーたちにも自由裁量の余地はあったのだが、彼らはさまざまな——誰もが抱くという意味では「凡庸」な——動機から自発的に任務の遂行を選び、恐るべき虐殺者へと変貌していった。その際とくに重要なのは、そうした選択が上下間の責任転嫁によって促進されていた点である。ユダヤ人の排除をめざす中央官庁の幹部たちは不快な仕事を現場に委ね、現場の請負人たちはそれを上の意向と受け止めて代行するという一種の相互依存関係ができあがっていて、それが殺戮の遂行を可能にしていた（近年の研究ではさらに、ユダヤ人政策の過激化の原因を現場のイニシアティブに求めるか、中央の指令に求めるかで論争が展開されている)。〈悪の凡庸さ〉も、こうした無責任体制を突いた概念としてアップデートされるべきだろう。

もう一つ、彼ら加害者たちの行動が公認の反ユダヤ主義イデオロギーによって方向づけられていたことも重要である。ユダヤ人の排除を国是としたナチ党指導部の方針は、アイヒマンら官僚たちのみならず、多くの市井の人びとにとっても過激な行動に走る口実を与えるものだった。こうしたイデオロギーの道具化に伴う危険性は、いくら強調してもしすぎることはない。それはほかでもなく、今日でも特定の人びとが人種的な「敵」として公認されるだけで、たちまち暴力行為が拡大する可能性があることを意味しているからである。人種主義の危険性は、差別対象への憎悪や怒りをかき立てることよりも、無責任な機会主義的行動を誘発させてしまうことにある。ドイツの人びとも大半はユダヤ人を憎んでいたわけではなかったが、ナチ党指導部が暴力をけしかける「犬笛」を吹いたとき、妬みや物欲、昇進への期待などといったさまざまな動機に突き動かされて、暴徒の群れに加わることになった。彼らを行動に駆り立てた動機が何であったにせよ、「敵」の排除という大義名分は本来なら社会的制裁を受けるはずの行為に免罪符を与える結果になったのだった。そうした点に〈悪の凡庸さ〉の真の問題性を見出し、大量殺戮に加担した人たちの責任を追究していくことが、今後のナチズム・ホロコースト研究の重要な課題となるはずである。

〔注〕

＊1　Hannah Arendt, *Eichmann in Jerusalem. A Report on the Banality of Evil*, New York, [1963] 2006.（＝

ハンナ・アーレント『新版 エルサレムのアイヒマン――悪の陳腐さについての報告』大久保和郎訳、みすず書房、二〇一七年）。〈悪の凡庸さ〉という言葉が『エルサレムのアイヒマン』の本文に登場するのがわずか一回（後の「追記」にもう一回）であることからも、アーレントがこの概念をさほど綿密な検討を経ずに用いていることは明らかである。アーレント自身はアイヒマンを〈歯車〉とみなすことに異議を唱えているのだが、まさにそうしたイメージが一般レベルで定着している現状は、〈悪の凡庸さ〉の概念がいかに彼女の思惑を離れたところで一人歩きしてしまっているかを示している。

*2 Bettina Stangneth, *Eichmann vor Jerusalem. Das unbehelligte Leben eines Massenmörders*, Zürich-Hamburg, 2011.（＝ベッティーナ・シュタングネト『エルサレム〈以前〉のアイヒマン』香月恵里訳、みすず書房、二〇二一年）。

*3 Katrin Himmler/Michael Wildt (Hrsg.), *Himmler privat. Briefe eines Massenmörders*, München, 2014, S. 22.

*4 Arendt, *Eichmann*, p. 282.（邦訳、三八八頁）。ライトリンガーとヒルバーグの著作については、次のドイツ語版を用いた。Gerald Reitlinger, *Die Endlösung. Hitlers Versuch der Ausrottung der Juden Europas 1939-1945*, Berlin, [1953] 1979; Raul Hilberg, *Die Vernichtung der europäischen Juden*, 3Bde, Frankfurt/M., [1961] 1990.（＝ラウル・ヒルバーグ『ヨーロッパ・ユダヤ人の絶滅』（上巻・下巻）、望田幸男・原田一美・井上茂子訳、柏書房、一九九七年）。

*5 Raul Hilberg, *The Politics of Memory. The Journey of a Holocaust Historian*, Chicago, 1996, p. 150.（＝ラウル・ヒルバーグ『記憶――ホロコーストの真実を求めて』徳留絹枝訳、柏書房、一九九八年、一七五頁）。

*6 なお、本稿は二〇二一年九月一一日の日本アーレント研究会第一九回研究大会での報告を元にした拙稿「〈机上の犯罪者〉という神話――ホロコースト研究におけるアイヒマンの位置付けをめぐって」（『Arendt Platz』第七号）をベースにしているが、翌年五月二二日の日本西洋史学会第七二回大会の小シンポジウムでの報告を踏まえて加筆・修正を加えている。

＊7　Hilberg, *The Politics*, pp. 148-149.（邦訳、一七三－一七四頁）。

＊8　Ibid., p. 156.（邦訳、一八四頁）。アーレントとヒルバーグの確執については、次の論文が詳細に検討している。Anna Corsten, »Immer wieder, wie ein Gespenst kommt sie zurück«. Überlegungen zur Konfliktgeschichte von Hannah Arendt und Raul Hilberg, in: René Schlott（Hrsg.）, *Raul Hiberg und die Holocaust-Historiographie*, Göttingen, 2019.

＊9　Hilberg, *The Politics*, p. 155.（邦訳、一八二頁）。

＊10　Corsten, »Immer wieder...«, S. 117.

＊11　アーレントは「行政的殺戮」という表現さえ用いている。Arendt, *Eichmann*, p. 288.（邦訳、三九六頁）。

＊12　Ibid., pp. 283, 288.（邦訳、三八九、三九五頁）。アーレントが激しい非難を浴びたもう一つの理由は、彼女がアイヒマンの極悪非道さを断罪する代わりに、ユダヤ人評議会がホロコーストに協力した責任を告発したことにある。これも基本的にヒルバーグの主張を踏襲したものであるが、この点は本稿の目的から逸れるので検討しない。

＊13　Ibid., pp. 248, 276.（邦訳、三四八、三八〇頁）。

＊14　シュタングネトが的確に指摘しているように、アイヒマンは「型にはまらない解決の実績を持つ人間」、たえず旅上にある「神出鬼没」の人物とみなされていた。Stangneth, *Eichmann*, S. 53-54, 67-68.（邦訳、四九－五〇、六五－六六頁）。

＊15　Arendt, *Eichmann*, p. 287.（邦訳、三九五頁）。

＊16　ヒルバーグはこの点について、次のように指摘している。「官僚がマスタープランも青写真も、行動についての明確な展望ももっていなかったことはわかっている」。Hilberg, *Die Vernichtung*, Bd. 3, S. 1067.（邦訳、下巻、二四一頁）。

＊17　David Cesarani, *Adolf Eichmann. Bürokrat und Massenmörder*, Berlin, 2004, S. 16.

＊18　Arendt, *Eichmann*, p. 287.（邦訳、三九五頁）。

＊19　昇進や出世をめざす動機にアイヒマンの「悪」の「凡庸さ」を見出している研究として、香月恵里「アイヒマンの悪における「陳腐さ」について」『ドイツ文学論集』（日本独文学会中国四国支部）第四九号、二〇一六年を参照。

＊20　Arendt, *Eichmann*, pp. 278, 287.（邦訳、三八三、三九四頁）。

＊21　Dirk Rose, Zur Einführung. Schreibtischtäter—ein Typus der Moderne?, in: Dirk van Laak/Dirk Rose (Hrsg.), *Schreibtischtäter. Begriff—Geschichte—Typologie*, Göttingen 2018, S. 15.

＊22　この概念に焦点をあてた論文集も出版されている。van Laak/Rose (Hrsg.), *Schreibtischtäter.*

＊23　Annette Weinke, Sichtbare und unsichtbare Gewalt. Der »Schreibtischtäter« in den gewaltkritischen Diskursen der Nachkriegszeit, in: van Laak/Rose, *Schreibtischtäter*, S. 224. この概念はアーレントに由来すると言われているが、彼女自身は裁判報告のなかでこの言葉を使っていない。そこに見出すことができるのは、「殺人機構」や「近代的な国家的大量殺人者」といった表現だけである。Arendt, *Eichmann*, pp. 172, 272.（邦訳、二四〇、三七五頁）。

＊24　Hilberg, *Die Vernichtung*, Bd. 3, S. 1093.（邦訳、下巻、二六三頁）。

＊25　Rose, Zur Einführung, S. 12.〈机上の犯罪者〉の特徴の詳細、とくにその責任転嫁のメカニズムついては、ルネ・シュロットの論考も参照。René Schlott, Der Typus des Schreibtischtäters in der Holocaustforschung. Raul Hilbergs Blick auf die Bürokratie des Judeozids, in: van Laak/Rose, *Schreibtischtäter*, S. 270.

＊26　Hilberg, *Die Vernichtung*, Bd. 3, S. 1267.（邦訳、下巻、三八八頁）。

＊27　ヒルバーグはこれを「絶滅機構 Vernichtungsmaschinerie」と呼んでいる。Hilberg, *Die Vernichtung*, Bd. 1, S. 59.（邦訳、上巻、四四頁）。こうした視点について、ヒルバーグはフランツ・ノイマンの影響を強く受けたという。Schlott, Der Typus, S. 268-269.

＊28　同様の問題は、ジグムント・バウマンのホロコースト研究にも指摘することができる。Zygmunt Bauman, *Modernity and the Holocaust*, New York, 1989.（＝ジクムント・バウマン『近代とホロコースト』森

田典正訳、大月書店、二〇〇六年）。

＊29 Hilberg, *Die Vernichtung*, Bd. 2, S. 300-304, 944.（邦訳、上巻、二一九－二二三頁、下巻、一六一頁）。

＊30 Ebd., Bd. 3, S. 1061.（邦訳、下巻、二三八頁）。ヒルバーグはこの点について、さらに次のように説明している。「官僚はけっして愚か者ではなかった。彼らは自分の書類上の仕事と東方での遺体の山の間の関連を認識していた」。Ebd., S. 1094.（邦訳、下巻、二六三頁）。

＊31 Ebd., S. 1061.（邦訳、下巻、二三八頁）。

＊32 Ebd., S. 1065.（邦訳、下巻、二四〇頁）。こうした指摘は、近年のナチズム研究で注目されているイアン・カーショーの「総統のご意向に添うよう働く」という視点、つまりヒトラーの意志と部下たちの忖度の相互関係に着目する見方に通じるものと言える。Ian Kershaw, "Working toward the Führer". Reflections on the Nature of the Hitler Dictatorship, in: Ian Kershaw/Moshe Lewin（eds.）, *Stalinism and Nazism. Dictatorships in Comparison*, Cambridge, 1997.

＊33 Hilberg, *Die Vernichtung*, Bd. 3, S. 1063.（邦訳、下巻、二三九頁）。ヒルバーグはまた、行政機構の中上級のレベルでは、命令ではなく会議や提案、議論や決議などが重要だったとも指摘している。Schlott, Der Typus, S. 273. 事実、ヒトラーらナチ党指導部はユダヤ人問題に関して曖昧な指示しか出さなかったので、それを実施可能な政策へと具体化するのに官僚たちの意思決定は不可欠だった。

＊34 Ernst Fraenkel, *The Dual State. A Contribution to the Theory of Dictatorship*, New York, 1941.（＝エルンスト・フレンケル『二重国家』中道寿一訳、ミネルヴァ書房、一九九四年）。

＊35 ヒルバーグによれば、官僚たちはけっして「憎悪者」ではなかった。Hilberg, *The Politics*, p. 70.（邦訳、七八頁）。彼の著作における世界観とイデオロギーの位置づけについては、Schlott, Der Typus, S. 270, 275を参照。

＊36 Michael Wildt, Gewalt als Partizipation. Der Nationalsozialismus als Ermächtigungsregime, in: Alf Lüdtke/Michael Wildt（Hrsg.）, *Staats-Gewalt. Ausnahmezustand und Sicherheitsregimes. Historische*

Perspektiven, Göttingen, 2008, S. 237-238.

*37 Rose, Zur Einführung, S. 12.

*38 Christopher R. Browning, *Ordinary Men. Reserve Police Battalion 101 and the Final Solution in Poland*, New York, 1992.（＝クリストファー・R・ブラウニング『普通の人びと――ホロコーストと第101警察予備大隊』谷喬夫訳、筑摩書房、一九九七年）。

*39 Stefan Kühl, *Ganz normale Organisationen. Zur Soziologie des Holocaust*, Berlin, 2014. キュールの見るところでは、アーレントの〈悪の凡庸さ〉概念を「見事に破綻」させた最大の原因は、「マックス・ヴェーバーに依拠した組織理解」にあった。Ebd., S. 27.

*40 Michael Wildt, *Generation des Unbedingten. Das Führungskorps des Reichssicherheitshauptamtes*, Hamburg, 2002.

3 怪物と幽霊の落差
——あるいはバクテリアが引き起こす悪について

三浦隆宏

大著『エルサレム〈以前〉のアイヒマン』の序章で、ベッティーナ・シュタングネトは、「アーレントは罠にはまってしまった」[*1]と記す。なぜなら、「エルサレムのアイヒマンは仮面以上のものではなかったからだ」[*2]。しかし、ハンナ・アーレントの『エルサレムのアイヒマン』[*3]と『エルサレム〈以前〉のアイヒマン』とを続けて読んでみると、後者が前者の見解を覆しているという印象は、実はそれほど受けない。むしろ、シュタングネトが膨大な資料調査とその解読、ならびにインタヴューを駆使して明らかにする「エルサレム以前のアイヒマン」は、「エルサレムのアイヒマン」と地続き（あるいはアーレントによる報告をいわば補強するもの）なのではないか。[*4]

たとえば、アーレントは、「誰もが驚いたことに、彼〔アイヒマン〕は自分で文章を書くことに固執したのである」[*5]と報告の最後の章で記していたが、シュタングネトは、それをこう詳述する。——「最終的にエルサレムのアイヒマンは約八〇〇〇ページの文書を残した。手稿、調書に記された供述、手紙、私的な文章、世界観に関する論文、個人的覚え書き、記録文書の余白に残された何千もの注である」[6]。では、なぜ「彼は常に書くことに魅了され、作家という役割が気に入っていた」[7]のか？ シュタングネトはその理由を「自分を正当化したいという強迫的欲望の表れ」[8]に見ている。そして、「彼の態度を見れば、名声に魅了されていたのは明らか」[9]だと言うのである。

そうであるならば、アイヒマンに関するありとあらゆる資料を渉猟し、それらを読み解き、また、存命の関係者へのインタヴューをも行って、このような彼の名を冠した浩瀚な書を著わしたシュタングネトこそ、「アイヒマンの罠」[10]にはまったのではないかと疑いたくなる。たとえ悪名ではあれ、〈象徴〉となることを彼自身が望んでいたからだ。ゆえに私たちが以下で「アイヒマン」について論じる際、肝に銘じておかねばならないのは、それをこのようになってはいけないという戒め、すなわち「教訓」[11]として見るまなざしを忘れないことである。

以上の視座のもと、本章では、両著（が描き出すアイヒマン像）の共通点と相違点とを確認したうえで、あらためて〈悪の凡庸さ〉という語が提示する問題について考えることにしたい。

（1）ほらと大言壮語、決まり文句の頻用

まず、『エルサレムのアイヒマン』から、アーレントが見て取ったアイヒマンの特徴を確認しておこう。「ほらを吹くことはどう見ても一貫して彼の最大の悪徳の一つだったようだ」[12]とあるように、彼女は、「ア

イヒマンの馬鹿げたほら」[13]について、同書の第二章と第三章で繰り返し指摘する。――「ほらを吹くのがアイヒマンの身を滅ぼした悪徳であった。彼が戦争末期に部下に語った次の言葉もまったくの大言壮語である。「私は笑いながら墓穴に飛び込んで見せるよ。自分が五〇〇万のユダヤ人〔…〕を死にいたらしめたという事実は非常な満足を私に与えてくれるからね」[14]」。そして、「ついには彼が捕えられる原因となったのも、ほらを吹かずにいられない彼の強迫衝動だった」[15]と記す。「彼は「名もない放浪者として世界をうろついていることにうんざりしていた」のだ。そしてこの衝動は時を経るにつれいっそう嵩じてきたのに相違ない」[16]と。

同様にシュタングネトもアイヒマンを「このおぞましいほら吹き」[17]と評し、サッセン座談[18]での彼の発言について、「アイヒマンが口にする他の名前は、あきれるばかりの大胆なでたらめ」[19]であり、またイスラエルでの尋問の場でも「信じられないほどの嘘つきぶりを発揮」[20]したと記す。さらに、次のように同じ頁内に集中して見られる、「得々と語った」、「仰々しく語る」、「大言壮語した」[21]といった表現も、アーレントがアイヒマンを描く際にたびたび用いていた「昂揚 elation」[22]に通ずるものだと言えよう。

ちなみに『エルサレム〈以前〉のアイヒマン』では、アイヒマンのかつての同僚であり部下のディーター・ヴィスリツェニーも「憚ることなく嘘をつき」[23]、オーストリアのSS将校ヘットルやSS大将エルンスト・カルテンブルーナー、そしてオランダ人の武装SS隊員でジャーナリストのヴィレム・サッセンも同様に嘘をつく人物であるとされている。[24]そのうえでシュタングネトは、巻末の「日本の読者へ」で、自国の、「半世紀以上前から、まったく独自の、虚偽の文化が生み出してきた、嘘と犯罪の宿命的関係」[25]について、苦々しく記すのである。

また、アイヒマンの特徴として二人がともに指摘するのが、彼の決まり文句の頻用である。[*26]たとえばアーレントであれば、「いつもの紋切り型の文句 clichés をへどもどしながらくり返す」[*27]と述べ、「彼にとって重要な事柄や出来事に言及するたびに、驚くほど一貫して一言一句たがわず同じ決まり文句や自作の紋切り型の文句をくり返したという事実」[*28]を指摘していた。それに歩調を合わせるかのように、シュタングネトも、「アイヒマンは自己演出においても、人に話をするときも、決まり文句をうまく操った」[*29]、あるいは「アイヒマンは決まり文句を巧みに使っていた」[*30]と記すのだ。

(2) 思考する能力の不足、あるいはモノローグ的思考構造

では、なぜアイヒマンは、これほどまでに決まり文句に頼るのだろうか。アーレントはその病理を次のように説明していた。

アルゼンチンやエルサレムで回想録を記しているときでも、警察の取調官に、あるいはまた法廷でしゃべっているときでも、彼の述べることはつねに同じであり、しかもつねに同じ言葉で表現した。彼の語るのを聞いていればいるほど、この話す能力の不足が思考する能力――つまり誰か他の人の立場に立って考える能力――の不足と密接に結びついていることがますます明白になってくる。アイヒマ

ンとはコミュニケーションが不可能だった。それは彼が嘘をつくからではない。言葉と他人の存在に対する、したがって現実そのものに対する最も確実な防壁〔すなわち想像力の完全な欠如という防壁[*31]〕で取り囲まれていたからである。[*32]

アーレントによるこのアイヒマン評が的確なものか否かを判断するために、一九九九年にフランスで公開され、翌年にこの国でも上映された映画『スペシャリスト――自覚なき殺戮者』（エイアル・シヴァン監督）を参照してみよう。この作品そのものが『エルサレムのアイヒマン』の影響下にある点[*33]にはむろん留意せねばならないが、法廷でのアイヒマンの言動を実際にこの目と耳で確かめることが可能だからだ。

まず、「彼の述べることはつねに同じ」という点については、「私は命令を受け、人が死のうが関係なくそれに従いました。行政上の手続きです[*34]」や「命令に従ったのです。忠誠の証です[*35]」、あるいは「私は命令を受けて実行してきました[*36]」といった陳述が挙げられる。二時間に及ぶ映画のなかで、アイヒマンは〈自分は命令に従っただけだ〉という趣旨の弁明を、ほかにも計八回行っている。

また、「話す能力の不足」という点に関しては、法廷でアイヒマンと対峙したギデオン・ハウスナー検事長による、「一度くらい資料を見ずに記憶で話せませんか？　無理ですか？[*37]」という問いかけを挙げることができよう。彼の「話す能力の不足」は、映画に登場するさまざまな証人らの証言と比べるといっそう際立つと言ってよい。

なお、同様の点をシュタングネトも次のように指摘している。二人がともにアイヒマンに見て取るのは、他者と現実に対して「防壁」を築き、自閉する姿にほかならない。

アイヒマンが好んだ形式はモノローグであった。それは誰にも中断されない演説であり、閉鎖的な世界解釈を繰り広げ、自分自身の言葉が放つ熱情に浸ることができた。アヴナー・W・レスは尋問中、ちょっとしたアイヒマン演説の後、まさしくこうした作用が表面化するさまを観察した。「しまいにこの男は自分の言葉に感動し、なんと涙まで流した」。アイヒマンは大変な速さで数百ものページを埋めることができたのだが、それもこうしたモノローグ的思考構造が原因かもしれない。[*38]

『エルサレム〈以前〉のアイヒマン』のいわばクライマックスと言えるのは、四二三頁から四二六頁にかけて記される、アイヒマンによる「演説」の「完全な逐語トランスクリプト」[*39]である。一九五七年の四月から一〇月なかばまで、アルゼンチンの高級住宅街にある「サッセン家の居間で」[*40]催されていた「討論」あるいは「会議」の場がサッセン座談であり、そこではデューラー・サークル[*41]の「メンバーが交代で何時間も歴史理論を語り、共同で記録文書を解釈し、各人の経験をどう評価するかについて、時にはかなり激しく論争」していた。[*42]ホスト役のサッセンがこの場を設けた意図については、後に触れる。なお、座談の模様はテープで録音されており、それをもとに「素人仕事で」[*43]タイプ打ちの原稿、すなわちトランスクリプトがつくられた。シュタングネトは、「いわゆるサッセン・インタヴュー」と題する章で、この長大かつ「読むのがたいそう困難」[*44]なトランスクリプトの解読を行ったのだ。[*45]件(くだん)のアイヒマン演説は、はなはだ「場違い」[46]なもので、結果としてサッセンらネオナチの国民社会主義者の面々を「がっかりさせた」[47]。その理由についても後に記すことにしよう。

（3）誇張と化身のメカニズム

さて、アーレントは『エルサレムのアイヒマン』の第三章で、アイヒマンによる回顧として、「オーストリア・ユダヤ人移住センター長としてウィーンで過ごした〔一九三八年三月からの〕この一年が自分の最も幸福で最も成功した時期だった」[48]と記していたが、シュタングネトが労作の最初の章で跡づけるのが、このウィーン時代以降の「出世が勢いを増す」[49]時期のアイヒマンにほかならない。「ユダヤ人の皇帝（ツァー）」[50]や「完璧なるヘブライ学者」[51]といった〈虚像〉が各種の新聞で報じられ、彼自身も「自分のふるまいによって、〔…〕自分の地位に実際以上の重みを与えた」[52]という「誇張のメカニズム」[53]の過程を彼女は浮かび上がらせてゆくが、これなどもアーレントによる報告を補うものだと言える。

ところでアーレントは、アイヒマンについて、こうも述べていた。

> もっと困ったことに、明らかにアイヒマンは正気ではないユダヤ人憎悪や狂信的反ユダヤ主義の持ち主でも、何らかの思想教育の産物でもなかった。〈個人としては〉彼はユダヤ人に対して何ら含むところはなかった。反対に彼はユダヤ人を憎まない〈個人的な理由〉を充分に持っていたのだ。[54]

一見、この一節は『エルサレム〈以前〉のアイヒマン』と矛盾するようにも思える。というのも先にも触れた演説で、彼はこう述べ立てていたからだ。

そうだとも、虚心坦懐に言わねばならない。もしも我々が知るように、コルヘアが算定したところでは一〇三〇万人いるユダヤ人のうち、一〇三〇万人のユダヤ人を殺したというのなら、私は満足してこう言うことができよう。よかろう、我々は敵を殲滅したと。ところが運命の悪巧みによってこの一〇三〇万人のユダヤ人の大部分は生き残っている。〔…〕今日生きている人間精神の中で最もずる賢い精神を抹殺していたら、我々の血と我々の民族、そして諸民族の自由をめざす我々の任務を果たしたことになったことだろう。[*55]

しかし、「エルサレムのアイヒマンが驚くほど巧みな自己演出をした」[*56]のであれば、サッセン座談での「確信的な反ユダヤ主義者アイヒマン」[*57]もまた、「自己演出」なのだと考えられるのではないか（実際彼は、イスラエルで記した「わが逃走」において、「アメリカで公表されているもの（＝『ライフ』誌に掲載された「アルゼンチン文書」）は、すべて嘘」[*58]だと書いている）。また、シュタングネト自身が序章でこう書いているのだ――「アイヒマンは人生のどの段階でも、相手に応じ、目的に応じて、自分をいつも新たに演出し直した」[*59]。

つまり、**本物の**（**唯一の**）**アイヒマン**など**どこにもいない**のである。

そのうえで次のようには問える。ほら吹きも決まり文句の頻用もモノローグ的思考も、私たちに多かれ少なかれ当てはまる悪徳なのではないか？　アイヒマンはその度が過ぎただけなのだろうか？　たとえばアーレントは裁判報告の最後でこう書いていた。「アイヒマンという人物の厄介なところはまさに、実に多くの人々が彼に似ていたし、しかもその多くの者が倒錯してもいずサディストでもなく、恐ろしいほどノーマルだったし、今でもノーマルであるということなのだ[*60]」。

シュタングネトが大著の前半で明らかにするのは、アイヒマンが行方をくらませてから、さまざまな人びとの間で数々の噂（たとえばサローナ伝説）や（罪を彼になすりつけるための）嘘が広まり、彼が「カリギュラ」や「大審問官[*61]」、さらには「大ムフティーの友人[*62]」や「決定的に重要な証人[*63]」といった、種々の悪名を獲得してゆく、いわば化身のメカニズムである[*64]。たとえば、彼女はナチ・ハンター、ジーモン・ヴィーゼンタールが一九四七年に記した以下の推測を引いている。――「ユダヤ人の敵ナンバー・ワンであるアイヒマンはいまだに拘束されていない。あらゆる犯罪人の中でも一番の大物であるこの男はイディッシュ語とヘブライ語の知識があるので、収容所のユダヤ人戦争難民のふりをして、あるいはシオニストの不法移住者として、アラブ人の友人がいる近東に逃げることさえできるのではないか[*65]」。つまりは、追う者も、「時とともに敵を実際より大きなものと考え[*66]」ることで、アイヒマンの〈虚像〉の強化に関与していたことになる。

アーレントがアイヒマン裁判で戸惑ったのは、これら「世間に流布するアイヒマン像[*67]」と実際の法廷での「幽霊のよう[*68]」なアイヒマンとの著しいギャップだったのだろう[*69]。あるいは、「犯された悪はきわめて怪物的なものでしたが、その実行者は怪物のようでも、悪魔のようでもありませんでした[*70]」という、悪とその担い手との落差と言い換えてもよい。そして、このギャップや落差を埋めるために捻り出された言葉が、〈悪の凡庸さ〉なのではないか。

(4)〈悪の凡庸さ〉が提示する問題

ところで、シュタングネトは『エルサレム〈以前〉のアイヒマン』の中盤で、「アーレントは〔…〕誤った結論を出してしまった[*71]」とも記していた。それは、アイヒマンが法廷で、カントが「常に自分の思考の導きの糸であった[*72]」と供述した場面に関わる。アーレントは、「アイヒマンが哲学の徒ぶっているだけであることを正しく観察していた」ものの、現在の私たちが参照しうるアイヒマンの文書や発言の数々と比べれば「ごくわずかな供述」にしかもとづきえなかった。ゆえに彼の「カントへの偏愛について」も知りえず、よって「こうした〔カント愛読者という〕ポーズの底にあるのは馬鹿げた虚栄心、そして討論能力や哲学的知識の欠如だ」という「誤った結論」にいたった、というのである[*73]。

たしかにアーレントは報告の（これも同じく）中盤において、「警察による訊問のあいだ、自分はこれまでの全生涯をカントの道徳の教え、特にカントによる義務の定義にのっとって生きてきたと彼が突然ひどく力をこめて言明した[*74]」点、および彼が「カントの定言命法のおおよそ正しい定義を下してみせ」ながらも、それを「読み曲げていた[*75]」点を指摘していた。『エルサレムのアイヒマン』において非常に有名なくだりであると言ってよい。ただし、彼女はこの論点にそれほど拘泥してはいない。それは、彼女が裁判報告の出版後、執拗にこだわることとなる主題と比べてみれば明らかだ。それこそが〈悪の凡庸さ〉である。[*76]
報告の本文はこう結ばれていた。「それはあたかも、この最後の数分間のあいだに、人間の邪悪さについてのこの長い講義がわれわれに与えてきた教訓――恐るべき、言葉に言いあらわすことも考えてみることもできない悪の凡庸さという教訓を要約しているかのようだった」。[*77]そして、〈悪の凡庸さ〉という語は、（副題と後日に記された「追記 *Postscript*」を除けば）この箇所にしか現れない。[*78]
この言葉については、カール・ヤスパースの書簡（一九四六年一〇月一九日付）での以下の示唆、および夫ハインリッヒ・ブリュッヒャーによる「悪」の「表層的な現象」に関する思索からの影響がつとに指摘されている。[*79]たとえば旧師は、愛弟子に対してかつてこう述べていた。

思うにわれわれは、ことは実際にそうであったのだから、ことをその完全な凡庸さにおいて、そのまったく味気ない無価値さにおいて、とらえなくてはいけない――バクテリアはあまたの民族を破滅させるほどの伝染病を惹きおこすことがあるにしても、それでもやはりたんなるバクテリアにすぎないのです。[*80]

なお、前節で跡づけた化身のメカニズムが生じる理由について、シュタングネトはこう記していた。「苦悩、侮辱、喪失を経験する者は、その上自分を、凡庸な人物の犠牲者だとは思いたくない」[*81]。アーレントの年長の友人のゲルショム・ショーレムが、「悪の凡庸さについて私は決して納得していません」[*82]と激しく反発し、また生涯を通じて親友関係にあったハンス・ヨナスさえもが、『エルサレムのアイヒマン』の公刊後、「アーレントへの辛辣な批判を展開することになった」[*83]その理由の一端は、おそらくここにある。

しかし、〔回数としてはそれほど多くない〕裁判の傍聴と山のような裁判資料との格闘のなかからアーレントが導き出したのは、アイヒマンが直接・間接的に関わった数多くのナチ幹部やユダヤ人評議会の長老たち、そしてドイツ周辺諸国の対応といった、それら自体は瑣末な「小さな杖」〔バクテリアの語源にあたる古代ギリシャ語 *βακτήριον* の意味〕のごとき諸要素の複雑怪奇な結晶化によって、ユダヤ人の大虐殺という「根源的な悪」[*84]が生じたという理解だったのではないか。というのも、「最終的解決における彼〔＝アイヒマン〕の役割」が「猛烈に誇張されていた」[*85]以上、アイヒマン一人を「怪物」や「人類の敵」として断罪して済むような話ではないからだ。

実際、アーレントは後年にこう述べている。――「これ〔＝〈悪の凡庸さ〉という語〕は理論や教義のようなものではなくて、たんなる形容の言葉で、実際に巨大な規模で実行された悪しき行いの現象を表現したものです。この悪は、その実行者の邪悪さ、病理、あるいはイデオロギー的な確信などから説明できないものでした。悪の実行者の個人的な特徴といえば、せいぜい異例なほどに浅薄だということだけでしょう」[*86]。

したがって、シュタングネトが大著で「確信的な国民社会主義者アイヒマン」[*87]を執拗に跡づけたとしても、アーレントの提示した〈悪の凡庸さ〉は依然として有効なままであると言ってよい。あるいは、セイラ・ベンハビブの言い回しを借りるならば、「彼は狂信的な反ユダヤ主義者であったがゆえに、それにもかかわらず、まさしく凡庸なのである」[*88]。その意味で、先に第2節でも触れたサッセン座談での一場面は、彼が「凡庸」で「異例なほどに浅薄 extraordinary shallowness」だという彼女の判断の的確さをまさに裏づけるものであったと言ってよいと思われる。

そもそも、サッセンがこの場を設けたのは、「国民社会主義とヒトラーの潔白を証明する」[*89]ためであった。私見では、『エルサレム〈以前〉のアイヒマン』の最大の手柄は、「アルゼンチンでのアイヒマン」を描いた点にあるのではない。むしろ、戦後のアルゼンチンで一時期築かれていた、彼とデューラー・サークルの男たちとの交友関係を明らかにし、そこでの会合の様子を詳らかにした点にある。アイヒマンより一〇歳から一五歳ほど年少のこの者たちにとって、国民社会主義は「いまだ完遂されざる使命」[*90]であって、極右の雑誌『道（デア・ヴェーク）』において、たとえば「六〇〇万人という嘘」という記事を発表したりしていた。それはつまり、「そもそも国民社会主義の敵として犠牲になったのはたった三六万五〇〇〇人で、それも組織的な大量殺戮やガス殺車やガス室によるものではない、他の見解はどれも捏造だという主張」[*91]にほかならない。そして、この「嘘」に反論するための重要証人として白羽の矢が立ったのが、アイヒマンなのであった。

ところが前節でも見たように、アイヒマンは彼らの期待とは真逆のことを意気揚々と語ってしまう。すなわち、「一同の前で、録音テープが回る部屋で、ユダヤ人絶滅はあった、それは何百万もの殺人、まさに完全なジェノサイドであることを、そして彼もそれを望み、計画したのだということ、この計画を今も正しいと考えていること、それに関与したことに満足を覚えていることをくり返して言ったのである」。[*92]アーレントは報告のなかで、「アイヒマンの性格にある、より特殊な、しかもより決定的な欠陥は、ある事柄を他人の立場に立って見るということがほとんどまったくできないということだった」[*93]と述べていたが、サッセン座談のクライマックスが白日のもとに晒すのは、まさにこの欠陥にほかならない。サッセンやフリッチらの立場に身を置いてみることがアイヒマンにはできないのだ。ゆえに彼は場違いな演説を堂々とぶってしまうのである。[*94]

(5) アイヒマンが示す教訓

さて、アイヒマン裁判の前年の一九六〇年に、アーレントは「社会と文化」と題するエッセイを発表しているが、[*95]その後半で、彼女は唐突にカントの『判断力批判』について言及していた。すでに別の箇所で扱った点[*96]でもあるので手短かに記すと、彼女は『実践理性批判』でカントが提示した定言命法を「自己一致の原理」とみなしたうえで次のように述べていた。――「しかしながら『判断力批判』においては、カントはこれとは別の思考様式を強調した。その思考様式は、たんに自己と一致しているだけでは十分ではない。むしろそれは、「他のあらゆる人の立場で思考し」うることを要件とするものであり、それゆえ、カントはこの思考様式を「視野の広い思考様式（エンラージド・メンタリティ）」(eine erweiterte Denkungsart) と呼んだ。判断力は、他者との潜在的な合意にかかっており、何かを判断する際にはたらく思考過程は、純粋な推論の思考過程とは違って、私と私自身の間の対話を意味しない」[*97]。

アーレントにとって、法廷でのアイヒマンはまさにこの「視野の広い思考様式」をまったく欠いた人物として映ったのだろう。第2節の冒頭で引用した、「誰か他の人の立場に立って考える能力」の「不足[*98]」という語句の由来は、おそらくこのカント解釈にある。

翻って、私たちは「他の人の立場に立って考える」ことが十分にできているだろうか。たとえばツイッターやインスタグラムといったSNSで、自分と趣味や考えの似た人びとばかりをフォローして、自閉していないか（その先で生じるのは、エコーチェンバー現象である）。他人と話すときに演説的な語りになっていることはないだろうか。言葉をよく吟味せずに、つい決まり文句に頼ってしまうことはないか。哲学者の古田徹也が、「しっくりくる言葉を探し、類似した言葉の間で迷いつつ選び取ることは、それ自体が、思考というものの重要な要素を成している。逆に言えば、語彙が減少し、選択できる言葉の範囲が狭まれば、その分だけ「人を熟考へ誘う力も弱まる」ことになり、限られた語彙のうちに示される限られた世界観や価値観へと人々は流されやすくなる[*99]」と述べていたが、この指摘は、本稿でこれまでたどってきたアイヒマン（やデューラー・サークルの面々）にそのまま当てはまりはしないか。

アイヒマンが体現していた「悪の凡庸さという教訓[*100]」はいまでも、いやこの時代にこそ、私たちが反芻すべき警鐘でありつづけているのではないか？

なお、シュタングネトが注で述べるところによると、アイヒマンは「顔の半分が反対側とはっきり違って」いたようである。[*101] それは、〈怪物〉と〈幽霊〉という二つの像をあわせもつことになった彼に実にふさわしい容貌の特徴であると言えるだろう。[*102]

〔注〕

＊1　ベッティーナ・シュタングネト『エルサレム〈以前〉のアイヒマン——大量殺戮者の平穏な生活』香月恵里訳、みすず書房、二〇二一年、一三頁。以下、同書からの引用に際しては、邦訳の頁数のみを記す。

＊2　同前。

＊3　Hannah Arendt, *Eichmann in Jerusalem. A Report on the Banality of Evil*, New York, [1963] 2006.（＝ハンナ・アーレント『新版　エルサレムのアイヒマン——悪の陳腐さについての報告』大久保和郎訳、みすず書房、二〇一七年）。以下、同書からの引用に際しては、原著と訳書の頁数を併記する。なお、訳語や表記を一部変更した場合がある。

＊4　このような両著の関係を示す一例として、たとえばヴィルヘルム・ヘットルについての記述が挙げられる。アーレントは、ヘットルの宣誓陳述書を裁判資料として挙げつつも（Arendt, *Eichmann*, p. 281.〔邦訳、三八六頁〕）、彼については「最初弁護側証人としてエルサレムに出廷したが、のちに検察側にその証言を利用されたヴィルヘルム・ヘットルSS大尉」（Ibid., p. 184.〔邦訳、二五五頁〕）という言及にとどめていた。対してシュタングネトは、「犠牲者の数が問題になるとアイヒマンただ一人が決定的に重要な証人とみなされることになった」きっかけに「六〇〇万人の犠牲者について語るヘットルの悪名高い宣誓陳述書」があったとの見解のもと（シュタングネト『エルサレム〈以前〉のアイヒマン』九四－九五頁）、アイヒマンとヘットルとの「複雑な」関係（同前、一八六頁）について、一書を通じて詳述してゆくのである。

＊5　Arendt, *Eichmann*, p. 241.（邦訳、三三三頁）。〔　〕は引用者による補足。以下同。

＊6　シュタングネト『エルサレム〈以前〉のアイヒマン』五二一頁。
＊7　同前、二六九頁。
＊8　同前、三一〇頁。
＊9　同前、二七二頁。
＊10　同前、五〇四頁。
＊11　Arendt, *Eichmann*, pp. 252, 288.（邦訳、三四九、三九六頁）。
＊12　Ibid., p. 29.（邦訳、四〇頁）。
＊13　Ibid., p. 164.（邦訳、二二八頁）。
＊14　Ibid., p. 46.（邦訳、六四－六五頁）。
＊15　Ibid., p. 47.（邦訳、六六頁）。
＊16　同前。
＊17　シュタングネト『エルサレム〈以前〉のアイヒマン』八八頁。
＊18　これについては次節で説明する。
＊19　シュタングネト『エルサレム〈以前〉のアイヒマン』三四六頁。
＊20　同前、三七八頁。
＊21　同前、八七頁。
＊22　Arendt, *Eichmann*, p. 53.（邦訳、七四－七五頁）。
＊23　シュタングネト『エルサレム〈以前〉のアイヒマン』八一頁。
＊24　同前、九九－一〇〇頁、五一四、五四一頁。
＊25　同前、五七九頁。
＊26　これについては、三浦隆宏「アイヒマン裁判──「悪の凡庸さ」は論駁されたか」（日本アーレント研究会編『アーレント読本』法政大学出版局、二〇二〇年、所収）の4「決まり文句の頻用という悪」（一〇八－

一一二頁）を参照願いたい。

＊27 Arendt, *Eichmann*, p. 33.（邦訳、四六頁）。

＊28 Ibid.,p. 49.（邦訳、六八頁）。

＊29 シュタングネト『エルサレム〈以前〉のアイヒマン』七六頁。

＊30 同前、一四二頁。

＊31 ［ ］内はドイツ語訳の『エルサレムのアイヒマン』（一九六四年刊行）をもとに訳者が書き加えた文言。

＊32 Arendt, *Eichmann*, p. 49.（邦訳、六八－六九頁）。

＊33 『スペシャリスト――自覚なき殺戮者』のDVDに収められたインタヴューの冒頭で、シヴァンとともに脚本を担当したロニー・ブローマンは、「この映画はH・アーレントの著書から発想した」、「アーレントの著書がロードマップの役割を果たした。それに沿って脚本の草稿を書いたんだ」と述べ、同様にシヴァンも「記録映画の選定基準もあの本だった」、「本に照らしてすべての映像を選んでる」と述べている。なお、本作はアイヒマン裁判の模様を撮影したおよそ三五〇時間分の記録映像から、シヴァンとブローマンが一三の場面を抜粋し、約二時間に編集することでつくられたものである。

＊34 『スペシャリスト――自覚なき殺戮者』（日本語字幕：渋谷哲也）、00：22：17以降。

＊35 同前、01：17：58以降。

＊36 同前、01：21：23以降。

＊37 同前、00：38：20以降。

＊38 シュタングネト『エルサレム〈以前〉のアイヒマン』三三二頁。

＊39 同前、四二三頁。

＊40 同前、三三六頁。

＊41 主要メンバーの一人であるドイツ系アルゼンチン人のエーバーハルト・フリッチが経営していた「デューラー出版」の名にちなむ。

＊42　シュタングネト『エルサレム〈以前〉のアイヒマン』三三九頁。
＊43　同前、三四一頁。
＊44　同前。
＊45　ちなみにサッセンは、アイヒマンの逮捕後にこの「トランスクリプトの一部分と〔アイヒマンの手書きの〕手稿のコピーを少しだけ売ることに決め」(シュタングネト『エルサレム〈以前〉のアイヒマン』五〇九頁)、それらは紆余曲折を経て、アメリカの雑誌『ライフ』に掲載された(一九六〇年一一月二八日、一二月五日)。アーレントはこの『ライフ』の記事を参照しており、『エルサレムのアイヒマン』でもたびたび言及している。これも彼女の報告とシュタングネトの労作が地続きであるとみなせる理由の一つである。
＊46　シュタングネト『エルサレム〈以前〉のアイヒマン』四二六頁。
＊47　同前、四三〇頁。
＊48　Arendt, *Eichmann*, pp. 43f.(邦訳、六一頁)。
＊49　シュタングネト『エルサレム〈以前〉のアイヒマン』四二一頁。
＊50　同前、二九頁。
＊51　同前、四三頁。
＊52　同前、五一頁。
＊53　同前、五二頁。
＊54　Arendt, *Eichmann*, p. 26.(邦訳、三六頁)。アーレントはこの〈個人的な理由〉の一つとして、アイヒマンの「身内にユダヤ人がいる」点を挙げている(Ibid., p. 30.［邦訳、四一頁］)。
＊55　シュタングネト『エルサレム〈以前〉のアイヒマン』四二四頁。
＊56　同前、一七頁。
＊57　同前、三一五頁。
＊58　同前、二五九頁。

＊59　同前、五頁。ゆえに、アイヒマンの下で働いていた女性らや彼の愛人たちにとって、彼は「魅力的」で「とても「チャーミング」」な「じつに「すばらしい男」」であったという（同前、一二三九頁）。

＊60　Arendt, *Eichmann*, p. 276.（邦訳、三八〇頁）。

＊61　シュタングネト『エルサレム〈以前〉のアイヒマン』五七頁。

＊62　同前、六九頁。

＊63　同前、九五頁。

＊64　ちなみにアーレントは『エルサレムのアイヒマン』でこう書いていた。「最終的解決における彼の役割は（このことは今や明らかになったが）猛烈に誇張されていた――ある点までは彼自身のほらのおかげで、ある点まではニュルンベルク裁判やその他の戦後の裁判の被告たちが彼を犠牲にして自分の無罪を証明しようとしたために」（Arendt, *Eichmann*, p. 210.〔邦訳、二九〇頁〕）。

＊65　シュタングネト『エルサレム〈以前〉のアイヒマン』一四三頁。

＊66　同前、一三四頁。

＊67　同前、四五頁。

＊68　Arendt, *Eichmann*, p. 8.（邦訳、九頁）。

＊69　同様の戸惑いは、裁判に先立って行われた、延べ二七五時間にも及ぶ尋問を担当したイスラエル警察のレスにも見られる。「カーキ色のズボンとシャツを身につけ、素足にサンダル履きで目の前に現れた男に、私は内心がっかりしてしまった。〔…〕目の前に現れた人物は、私より少し背が高いだけの、細身というよりは痩せぎすで、頭の禿げ上がった平凡な男に過ぎなかった。フランケンシュタインでも、角の生えたびっこの悪魔でもなかった。外見だけでなく、そのきわめて事務的な供述も、私がさまざまの資料から思い描いていた彼のイメージを大きく損なうものとなった」（ヨッヘン・フォン・ラング編『アイヒマン調書――ホロコーストを可能にした男』小俣和一郎訳、岩波現代文庫、二〇一七年、三八一頁）。もっとも、このアイヒマン評は次のように変わったという。「しかしレスにはかなり早くから、アイヒマンはそれほど単純（naiv）

な人間なのだろうかという疑問が芽生えている。その後アイヒマンの尋問を続けるうちにレスの疑念は確信に変わってくる。一九六〇年六月一六日、レスは日記に次のように書いている。「彼を第三帝国の気味悪い存在に押し上げたものとは、その盲目的服従ではない。ここにいるのは、どんな方法であれ、どんな手段を使ってでも出世するという考えにとりつかれた人間である。」結局レスは、アイヒマンが今も確信したナチだと結論する」（香月恵里「アイヒマンの悪における「陳腐さ」について」『ドイツ文学論集』（日本独文学会中国四国支部）第四九号、二〇一六年、五八頁）。

＊70 Hannah Arendt, "Thinking and Moral Considerations" in *Responsibility and Judgment*, edited by Jerome Kohn, New York, 2003, p. 159.（＝ハンナ・アレント「思考と道徳の問題」『責任と判断』中山元訳、ちくま学芸文庫、二〇一六年、二九五頁）。

＊71 シュタングネト『エルサレム〈以前〉のアイヒマン』三〇六−三〇七頁。

＊72 同前、三〇六頁。

＊73 同前、三〇六−三〇七。

＊74 Arendt, *Eichmann*, pp. 135f.（邦訳、一九〇頁）。

＊75 Ibid., p. 136.（邦訳、一九〇−一九一頁）。

＊76 〈悪の凡庸さ〉について、アーレントが遺著『精神の生活』の第一部「思考」の序論、および一九七一年発表の論考「思考と道徳の問題」の冒頭で、アイヒマンの名とともに触れている点はよく知られていよう。一方、カントの定言命法については、一九六五年度の講義「道徳哲学の諸問題」で取り上げられてはいるものの、アイヒマンとともに結びつけられてはいない。ちなみに批評家の東浩紀は、「悪の愚かさ」を主題とした論考において、「アーレントは、アイヒマンがなぜ考えなくなってしまったのか、その理由を彼が過剰に道徳的だったことに求めている」と記している。すなわち、「彼はあまりに道徳的だったので、自分がなにをしたいのかについては、もはや考えないようになってしまった」というのだ（東浩紀「悪の愚かさについて2、あるいは原発事故と中動態の記憶」『ゲンロン11』ゲンロン、二〇二〇年、三三頁）。これは、「大

量殺戮へのためらいと同時に他の事柄についての規範も喪失したナチ犯罪者」とは異なり、「犠牲者から個人的に金をゆすり取る機会」が何度かありながらも「質素」な生活を送るなど、「ヒムラーの「品行方正」への要請に応じる」ことにとくに難しさを感じず、彼が「盗み、ゆすり、搾取し、威張り散らすのは、もっぱら第三帝国のためであった」というシュタングネトの記述（シュタングネト『エルサレム〈以前〉のアイヒマン』一七九頁）にも沿う解釈であると言える。

*77 Arendt, *Eichmann*, p. 252.（邦訳、三四九頁）。

*78 出版の際に付されたもので、連載時のタイトルは「エルサレムのアイヒマン」である。

*79 エリザベス・ヤング゠ブルーエル『ハンナ・アーレント――〈世界への愛〉の物語』大島かおり・矢野久美子・粂田文・橋爪大輝共訳、みすず書房、二〇二一年、四九二頁。

*80 L・ケーラー／H・ザーナー編、ハンナ・アーレント／カール・ヤスパース著『アーレント゠ヤスパース往復書簡――1926-1969』(1)、大島かおり訳、みすず書房、二〇〇四年、七一頁。訳語の「陳腐さ」を「凡庸さ」へと変更。なお、引用箇所は一九四六年八月一七日付のヤスパース宛の書簡において、アーレントがナチスの犯罪を「法の枠にはおさまらない犯罪で、その途方もない恐ろしさはまさにそこにある」（同書、六二頁）と記した点に対する、師からの応答の部分にあたる。ヤスパースは、「あなたのこの見方は私には危ないように思える」（同書、七一頁）と記している。「なぜなら、あらゆる刑法上の罪を上回るような罪というのは、どうしても「偉大さ」――悪魔的な偉大さ――の相貌を得てしまう」（同前）からというのが師の言い分である。

*81 シュタングネト『エルサレム〈以前〉のアイヒマン』五八頁。

*82 マリー・ルイーズ・クノット編、ダーヴィト・エレディア編集協力『アーレント゠ショーレム往復書簡』細見和之・大形綾・関口彩乃・橋本紘樹訳、岩波書店、二〇一九年、三七二-三七三頁。

*83 戸谷洋志・百木漠『漂泊のアーレント　戦場のヨナス――ふたりの二〇世紀　ふたつの旅路』慶応義塾大学出版会、二〇二〇年、一五五頁。

＊84 この概念については、三浦隆宏『活動の奇跡――アーレント政治理論と哲学カフェ』法政大学出版局、二〇二〇年、二一八－二二〇頁を参照願いたい。
＊85 Arendt, *Eichmann*, p. 210.（邦訳、二九〇頁）。
＊86 Arendt, "Thinking and Moral Considerations" in *Responsibility and Judgment*, p. 159.（＝アレント「思考と道徳の問題」『責任と判断』二九五頁）。
＊87 シュタングネト『エルサレム〈以前〉のアイヒマン』三一五頁。
＊88 Seyla Benhabib, "Whose Trial? Adolf Eichmann's or Hannah Arendt's? The Eichmann Controversy Revisited" in *Exile, Statelessness, and Migration. Playing Chess with History from Hannah Arendt to Isaiah Berlin*, New Jersey, 2018, p. 69.
＊89 シュタングネト『エルサレム〈以前〉のアイヒマン』四一一頁。
＊90 同前、一九三頁。
＊91 同前、二〇三－二〇四頁。
＊92 同前、四二八頁。
＊93 Arendt, *Eichmann*, pp. 47f.（邦訳、六六頁）。
＊94 今風の言い方をすれば、アイヒマンは「ＫＹ（空気が読めない）」なのである。ベンハビブは、この欠陥の要因として「他者が自己の恐怖や妄想を映し出す空白のスクリーンに過ぎなくなってしまう」点を指摘していたが（Benhabib, Whose Trial?, pp. 74f.）、この点で興味深いのが、映画『スペシャリスト』の終盤（01：37：42以降）でのハレヴィ判事とアイヒマンとのやり取りである。ハレヴィは「通常の手続きを離れて、ヘブライ語でなく被告の母語で質問します」と述べてから、被告人に「義務と良心との間の葛藤」について尋ねるのだが、そこからの二人のやり取りは――アーレントが「アイヒマンとはコミュニケーションが不可能だった」（Arendt, *Eichmann*, p. 49.［邦訳、六九頁］）と記していたのに反して――、コミュニケーションの様相を呈しているように見えるのだ。映画のなかで唯一対話が成り立っていると思えるシーンであ

る。

＊95 「文化の危機――その社会的・政治的意義」と改題され、次の論集に収録されている。Hannah Arendt, *Between Past and Future. Eight Exercises in Political Thought*, New York, 2006, pp. 194-222.（＝ハンナ・アーレント『過去と未来の間――政治思想への8試論』引田隆也・齋藤純一訳、みすず書房、一九九四年、二六五－三〇六頁）。

＊96 三浦『活動の奇跡』三〇五－三〇六頁。

＊97 Arendt, "The Crisis in Culture" in *Between Past and Future*, p. 217.（＝アーレント「文化の危機」『過去と未来の間』二九七－二九八頁）。

＊98 Arendt, *Eichmann*, p. 49.（邦訳、六九頁）。

＊99 古田徹也『いつもの言葉を哲学する』朝日新書、二〇二一年、一一五頁。引用のなかの「 」内は、ジョージ・オーウェルの小説『１９８４』からの引用。

＊100 Arendt, *Eichmann*, p. 252.（邦訳、三四九頁）。

＊101 シュタングネト『エルサレム〈以前〉のアイヒマン』注・幕間劇(22)。

＊102 本稿には注26で挙げた三浦「アイヒマン裁判」、および以下の論考と記述が一部重複している箇所がある。三浦隆宏「悪と忘却の穴の問題――『エルサレムのアイヒマン』再考」『人間関係学研究』第二〇巻、椙山女学園大学人間関係学部、二〇二二年、一〇五－一一五頁。

4 〈悪の凡庸さ〉をめぐる誤解を解く

百木　漠

（1）「書かれてもいないこと」をめぐる論争

アイヒマン論争の興奮が冷めやらぬなかで行われたある講演のなかで、アーレントは次のように述べている。この論争で議論されていたことの大半は「書かれてもいないこと」をめぐるものだった。しかも論争が進むにつれて、「私が言ってもいないこと」をめぐる非難が続くだけでなく、それを擁護する人たちさえ現れてきたのだ、と。[*1] ここには単なる誤解や悪意を超えて、作者と読者の間のコミュニケーションを根本的に崩壊させてしまう何かが存在している、と感じるようになったとアーレントは言う。

実際のところ、このような「書かれてもいないこと」をめぐってアーレントの議論を非難したり擁護したりする論争はいまもなお続いている。近年では、ナチ・ドイツをめぐる歴史研究の成果を受けて、アーレントが提起した〈悪の凡庸さ〉という概念はアイヒマンを形容するには不適切だった、という見解が再び強くなりつつあるという。その詳細については、本書ですでに論じられてきたことであるからここでは割愛する。

しかし本稿ではあえてこのような潮流に抗い、アーレントがアイヒマンを〈悪の凡庸さ〉と形容したことには大きな思想的意義があったし、この概念はやはりアイヒマンに当てはめてこそ意義があるものなのだ、と主張したい。あわせて、歴史研究者の多くが批判している〈悪の凡庸さ〉のイメージが、アーレントの意図したものとは大きく異なっていることを明らかにしたい。そのために、この概念をめぐる多くの誤解を解いていく必要がある。

『エルサレムのアイヒマン』をきちんと読めばわかることだが、アーレントはけっしてアイヒマンを「上からの命令を粛々とこなした小役人」や「法規や命令を遵守するだけの杓子定規な官僚」として描いていない。そうではなく、アーレントが描き出したのは、出世に貪欲で、自己顕示欲が強く、各所と交渉を重ねながら、命じられた以上の成果を達成させていく有能かつ野心的な男の姿であった。むしろ「前例を打破してめざましい成果をあげるクリエイティブな組織者」[*2]（田野大輔）や「型にはまらない解決の実績をもつ人間」[*3]（シュタングネト）といった姿こそ、アーレントが描き出したアイヒマン像に近い。

アーレントは、〈悪の凡庸さ〉概念を批判する者たちがしばしば根拠のない「イメージ」にとらわれていることを痛烈に批判していた。近年展開されている〈悪の凡庸さ〉批判も、またこれと同じ過ちを繰り返しているのではないか。われわれは最新の歴史研究の成果を踏まえつつ、アーレントがどのような意味でアイヒマンを「凡庸」と形容し、そこにどのような「悪」の姿を認めようとしたのかを再検討していく必要がある。

(2) 代表的な誤解を解く

まず、〈悪の凡庸さ〉をめぐる代表的な誤解を解くところから始めよう。[*4]

〈悪の凡庸さ〉は「歯車理論」を指すものではない

〈悪の凡庸さ〉論はしばしば、アイヒマンが「組織の歯車」のような存在であり、彼は上からの命令を受けて職務をこなしていただけの存在だったのだ、という主張を行ったものと理解されている。しかし、アーレントはこのような「歯車理論」を繰り返し否定している。アイヒマンとその弁護団がまさに「歯車理論」を用いて彼の罪を軽減しようとしたが、アーレントはそれを厳しく批判した。たとえ全体主義体制のもとにあっても、「自分は組織の歯車だったのだから、自分自身に責任はない」といった言い逃れは通用しない。アイヒマンはあくまで自らの意志でその職務を継続した存在として、責任を問われなければならない、とアーレントは強く主張した。

私がエルサレムを訪れてアイヒマン裁判を傍聴したときに実感したのは、裁判所の手続きの大きな利点は、この歯車理論がその設定からしてまったく無意味であり、それゆえこうした問題すべてを異なる観点から見なければならないことを教えてくれる点にあるということです。〔…〕判事たちが大きな努力を払いながらはっきりと指摘したのは、法廷で裁かれるのは、システムでも大文字の歴史でも歴史的傾向でもなんとか主義（例えば反ユダヤ主義）でもなく、一人の人間なのだということでした。[*5]

アーレントは、全体主義というシステムが人間を「行政装置の中の単なる歯車に変え」、「非人間化」してしまう機能をもつことを認めている。[*6] そのうえで彼女が主張したのは、ひとたび裁判で自らの罪を問われた立場に置かれた際には、「私は単なる歯車で、取り替え可能な存在であり、私の地位にあれば誰でも同じことをしたでしょう」などと弁明することはけっして許されない、[*7] ということであった。裁判の場においては、誰もが責任を負う個人として、その罪を裁かれねばならないのだ。

ここから確認されるのは、アーレントが裁判中のアイヒマンの言い分を鵜呑みにしていたわけではない、ということである。むしろ彼女は、彼の持ち出してきた「歯車理論」の欺瞞性を見抜いたうえで〈悪の凡庸さ〉という概念を提唱していたのだと見なければならない。それゆえセサラーニが次のようにアーレントを論難するのは誤りなのである。「ハンナ・アーレントは〔…〕、アイヒマンが自らを情熱のない管理者、巨大な抹殺機械の小さな歯車であり、他の誰かに簡単に取り替えられたと表現したのは真実であると主張した」。[*8] その反対に、アイヒマンを「組織の歯車」として免罪してはならず、「政治において服従と支持は同じもの」と捉えなければならない（「政治とは子供の遊びの場ではない」！）、というのが『エルサレムのアイヒマン』の結論であった。[*9]

アイヒマンは「平凡な小役人」「ロボット的な官僚」ではない

〈悪の凡庸さ〉という概念によって、アーレントはアイヒマンを「平凡な小役人」として描いたのだとしばしば考えられている。しかしそれは不正確な理解である。

アーレントはある批判に応える文面のなかで、次のように書いている。

> あなたは「凡庸 banal」を「ありふれていること commonplace」と同一視されていますが、あなたが手元に辞書をお持ちかどうか気がかりです。私にとっては非常に重要な相違があるのです。〈ありふれている〉というのはしばしば・頻繁に生じるということですが、〈凡庸〉は〈よくあること common〉ではない、ということもありうるのです。[*10]

アイヒマンのもつ「凡庸さ」は、彼が「ありふれた／平凡な」存在であることを意味するものではない。むしろその「凡庸さ」は、アイヒマンが「よくいる common」存在でないことを意味するのであって、彼の特異さを際立たせるために用いられている用語であった。かように、「凡庸 banal」という表現に「ありふれた／平凡な」とは異なる独特の意味合いをもたせているところに、アーレントの議論が誤解されやすいもう一つの要因がある。

むしろアーレントが『エルサレムのアイヒマン』で強調しているのは、アイヒマンの「平凡さ」よりも「非凡さ」であると言ってよい。たとえば、「二つの点で彼は他の人々より優れていた。それは組織能力と交渉能力だった」[*11]とアーレントは記している。映画『スペシャリスト――自覚なき殺戮者』などに映された、いかにも退屈そうな中間管理職という裁判中の印象とは違って、アイヒマンは仕事の面では非常に有能であり、精力的に行動し、そして野心的であった。[*12]アーレントはその様を詳しく描き出している。

たとえばウィーン勤務時代(一九三八―三九年)、アイヒマンは着任直後、SD(親衛隊情報局)によって監禁されていたユダヤ人指導者たちを自分の元に連れて来るように指示して、彼らを組織化し、居住者リストや財産目録を提出させるなど、ユダヤ人移住計画を円滑に進めるための仕組みを構築した。続けて、それまでは非常に非効率だったユダヤ人の国外移住手続きを効率化させるために、「ユダヤ人を〔建物の〕一方の端から入れて」、「もう一方の端から出てくる」ときにはすべての財産を取り上げ、二週間以内の国外移住を命ずるパスポートだけをもっている状態にする「ベルトコンベアーシステム」を発案した。[*13]これらの結果として、アイヒマンは八か月のうちに四万五〇〇〇人のユダヤ人を国外移住させる成果をあげ、組織内での評価を一気に高めた。アイヒマンはこうした体制の構築を上からの指示によって行ったのではなく、自ら発案して実現させたのだ。

またアイヒマンは、「ユダヤ人問題の最終解決」が始まる以前は、ユダヤ人の国外移住計画に熱心に取り組んでいた。一九三七年には自らがパレスチナに赴いて現地の指導者たちと交渉を行って、ユダヤ人の移住受け入れの可能性を探ろうとしていたし、第二次世界大戦が勃発した一九三九年以降もマダガスカル島やワルシャワ郊外のニスコへの集団移送計画を本気で推進しようとしていた。四二年のヴァンゼー会議においてユダヤ人の「物理的殲滅」が決定された際には、「これは私が想像していたものではありません。〔…〕なぜならこれは政治的解決ではないからです」と上司のミュラーに強く抗議したとされる。[*14] また、四四－四五年にドイツ敗戦の色が濃くなり、ヒムラーがユダヤ人虐殺の停止を命じた際にも、その指示に従わず収容所への強制移送業務を継続したという。[*15] つまり、アイヒマンはときには上司の命令に抵抗してでも、独自の主張や判断を行う存在であったのだ。

これらの事実はいずれも、アイヒマンが上からの命令をただ盲目的にこなす小役人ではなかったこと、[*16] そしてアーレントがその事実を十分認識していたことを示している。

「思考欠如」はアイヒマンが何も思考していなかったことを意味するのではない

アーレントがアイヒマンを「思考欠如 thoughtless」と表現したことは、彼が「何も考えずに」移送業務に邁進していたことを指すのだとしばしば理解されている。だが現在の歴史研究では、アイヒマンが自らの移送業務がもたらす帰結を十分に理解したうえで、きわめて効果的に与えられた移送業務を遂行したことが明らかとなっている。それゆえ、アーレントは「何も理解していなかった小役人」を演ずるアイヒマンのふるまいに騙されてしまったのだ、と批判されるにいたっている。[*17]

しかし、ロジャー・バコヴィッツが強調するように、アーレントが「思考欠如」と表現したのは、アイヒマンが一般的な思考力を欠いているという意味でも、何も考えずに任務を遂行していたという意味でもない。[18]『エルサレムのアイヒマン』に明確に書かれていることだが、彼女がここで「思考」と呼んだのは、「誰か他の人の立場に立って考える能力」[19]のことであり、複数的な視点から自らの行動の意味を吟味し、判断する能力のことであった。

　セサラーニは「アーレントが、アイヒマンが何も考えずに unthinkingly 命令に従ったと主張した」のは誤りだったと書いているが、[20]実はそのようなアーレント理解のほうが誤りなのだ。とはいえ、こうした誤解が生まれるのは、アーレントが「思考」という言葉に独特の意味合いをもたせているからであろう。アーレントは「思考」を、自己内対話――〈一者のなかの二者 two-in-one〉の対話――を通じて「意味」を探究する営みだと捉えたが（『精神の生活』）、それは一般的に「思考」という語から連想される営みとは異なるものだろう。アーレントは、アイヒマンが高い事務処理能力を有していたことや、自身の業務がもたらす帰結を十分に理解していたことを認めたうえで、そうした事柄は、彼が本当の意味で「思考」していたことを意味しない、と判定していたのだ。

　『エルサレム〈以前〉のアイヒマン』のなかでシュタングネトは、サッセン・インタヴューにおけるアイヒマンの発言を取り上げて、彼の思想はけっして「無思慮な妄言」などではなく、「完全に構築された思考という土台に基づく一貫した演説」であったとして、アーレントの「思考欠如」概念の限界を指摘している。[21]だが、ナチ・イデオロギーに完全に依拠しながら、自らの行為を正当化する演説（一人語り）をナチ・シンパの仲間たちの前で展開することは、アーレントの言う「言論（スピーチ）」や「思考」ではまったくない。たとえそれが強固な思想体系（イデオロギー）に裏づけされており、その体系にもとづいた術語を次々と繰り出すことができたとしても、それは彼が「話す能力」や「思考する能力」を有していたことを意味しない。その反対に、それは、彼が「誰か他の人の立場に立って考える能力」を欠き、自分だけの世界に浸り切っていたことを示すものだというのがアーレントの考えであった。

シュタングネトはこうも述べている。「アイヒマンが好んだ形式はモノローグであった。それは誰にも中断されない演説であり、閉鎖的な世界解釈を繰り広げ、自分自身の言葉が放つ熱情に浸ることができた」[22]。こうした〈独り語り(モノローグ)〉の能力も、アーレントの言う「話す」能力と同じものではけっしてない。彼女にとって「話すこと」とは、自分とは異なる意見をもつ他者と語り合うこと――複数性を実現する「活動」――でなければならなかった。

それゆえ、シュタングネトが「ここに欠落しているのは、議論のための土台ではなく、全体主義的思考構造に対して批判的に考える姿勢であり、その欠落は、自分自身の独断主義のせいである」[23]と述べているのは、まさにアーレントが「思考欠如」という語で言い表そうとしていたことそのものだと言える。全体主義の運動を批判的に捉える能力、それこそアーレントが「思考する能力」と呼んだものであり、アイヒマンに欠如していると見たものであった。「思考欠如」はかような意味において捉えられるべき術語なのである。

ミルグラム実験は〈悪の凡庸さ〉を証明したものではない

バコヴィッツも指摘するように、〈悪の凡庸さ〉論が誤解されるにいたった大きな理由の一つは、有名なミルグラム実験が「アイヒマン実験」と称されるようになったことにある。重要なのは、この実験がアイヒマン裁判の翌年（一九六二年）に行われ、ミルグラム自身が「権威に服従して、恐るべき破壊的なプロセスを遂行した」アイヒマンの犯罪行為を再現しようとして実験に挑み、その実験結果がアーレントの提唱した〈悪の凡庸さ〉を証明したと信じていたということである。ミルグラムは『権威への服従』で次のように記している。

　われわれ自身の実験で、何百人もの一般人が権威に従うのを目の当たりにして、私は悪の凡庸さという アーレントの概念が、誰が想像したよりも真実に近いと結論せざるを得ない。〔…〕素朴に仕事をしているような普通の人々が、相手に対する特別な憎しみもなしに、恐ろしく破壊的なプロセスを遂行する実行者となりうるのだ。[*24]

　賢明にも、アーレントはこうしたミルグラムからの賛辞を受け入れなかった。彼女は、ミルグラムの「誘導と強制は同じだと言う無邪気な思い込み」を批判し、彼の実験が示す結果を決して〈悪の凡庸さ〉論と同一視しようとしなかった。[*25]普通の人びとは容易に権威者からの命令に従ってしまうものだ、というミルグラム実験の結果にアイヒマンを回収してはならない、とアーレントは考えていたのだ。

　だが一般的には、このミルグラム実験はアーレントの〈悪の凡庸さ〉論を実証したものとみなされるようになり、アーレントはアイヒマンを「上〔権威者〕からの命令に盲目的に従った人物」と捉えていたのだと理解されるようになってしまった。アーレント自身は後のインタヴューで「私たちすべてのなかにアイヒマンがいる、などということを私が言いたかったわけでは全くないのです[*26]」と明言していたにもかかわらず（この発言はアーレントの元夫であるギュンター・アンダースによる「われらはみな、アイヒマンの息子」という言明に対する批判とも読める）。

とはいえ、こうしたアーレントの意図が一般の読者には伝わりづらいことも確かであろう。アーレント自身、「アイヒマンという人物の厄介なところはまさに、実に多くの人々が彼に似ていたし、しかもその多くの者が倒錯してもいずサディストでもなく、恐ろしいほどノーマルだったし、今でもノーマルであるということなのだ[*27]」と記していたり、『精神の生活』序文でアイヒマンを「ごく普通の ordinary ありふれた commonplace 人物」で「悪魔的でも怪物的でもなかった[*28]」と表現していることからも、彼女がアイヒマンを「われわれの周りによくいる」平均的な人物と捉えていたのだろうと受け取られても仕方のないところがある。

蛭田圭も述べるように、〈悪の凡庸さ〉という概念がさまざまな誤解に晒された原因の一端は、アーレント自身の記述にあると言わねばなるまい[*29]。その最大の原因は、アーレントが「悪の凡庸さについての報告」というサブタイトルをつけながらも、〈悪の凡庸さ〉の意味についてほとんど何も説明していない、という点にある。そこで、われわれはあらためてアーレントの記述を追いつつ、彼女が〈悪の凡庸さ〉という概念において何を表そうとしていたのか、を再考察する必要がある。

（3）結局のところ、〈悪の凡庸さ〉は何を意味していたのか？

基本的な点を確認しておこう。〈悪の凡庸さ〉という概念は『エルサレムのアイヒマン』の本文には一度しか登場しない。加えて一九六四年第二版の「追記」にもう一度その語が登場するが、どちらでも〈悪の凡庸さ〉の明快な定義はなされていない。

実際に『エルサレムのアイヒマン』における二か所の記述を確認していこう。まずは本文の最後（第一五章の末尾）を締め括る、いささか唐突な記述である。

> それはあたかも、この最後の数分間のあいだに、人間の邪悪さについてのこの長い講義がわれわれに与えてきた教訓――恐るべき、言葉に言いあらわすことも考えてみることもできない〈悪の凡庸さ〉という教訓を要約しているかのようだった。[*30]

ここでアーレントが言及しているのは、アイヒマンが絞首刑になる直前に次のように述べた場面である。「もう少ししたら皆さん、われわれは皆再会するでしょう。それはすべての人間の運命です」。だが、これは弔辞で用いられる決まり文句であって、葬儀の場で弔辞を読む者が死者と参列者に投げかける言葉であった。その言葉を、これからまさに死刑に処せられんとしているアイヒマン本人が発したという「滑稽さ」にアーレントは着目した。この場面は、アイヒマンが死の直前ですら、自分の言葉で自分の意見や心境を語らず、紋切り型の用語に頼り切って、外面を取り繕うことに専心していたことを示している。アーレントは、ここにアイヒマンの「凡庸さ」が象徴的に表れていると見た。

上からの命令に粛々と従ったことではなく、あらゆる場面で決まり文句に頼り切っていたことにこそ、アイヒマンの本質が現れているというのがアーレントの洞察であった。「……アイヒマンは、彼にとって重要な事柄や出来事に言及するたびに、驚くほど一貫して一言一句たがわず同じ決まり文句や自作の紋切り型の文句をくり返した[*31]」。「彼はいかにも数百万人の人間を死に送ることはできたが、〈用語規定〉を与えられていないときには、それについて適切な話し方をすることはできなかった[*32]」。それゆえ、アイヒマンが裁判でいかにも官僚的な答弁を繰り返したのは、罪を逃れるための方便だっただけでなく、彼の「話す能力」と「思考する能力」の欠如を示すものだったと捉えなければならない。自らの言葉で自らの行為や自らの置かれた立場を思考できないこと、そしてそれを他者に伝達できないところにこそ、アイヒマンの「凡庸さ」が表れているとアーレントは見ていた。

もう一つ、一九六四年出版の第二版で追加された「追記」に出てくる記述も見ておこう。こちらではもう少し詳しく〈悪の凡庸さ〉の意図が説明されている。

私が〈悪の凡庸さ〉について語るのはもっぱら厳密な事実の面において、裁判中誰も目を背けることのできなかったある不思議な事実に触れているときである。アイヒマンはイアーゴでもマクベスでもなかった。しかも「悪人になってみせよう」というリチャード三世の決心ほど彼に無縁なものはなかっただろう。自分の昇進にはおそろしく熱心だったということのほかに彼には何らの動機もなかったのだ。〔…〕彼は愚かではなかった。まったくもって思考が欠如していること――これは愚かさとは決して同じではない――、それこそが彼のあの時代の最大の犯罪者の一人になる素因だったのだ。このことが「凡庸」であり、滑稽ですらあるとしても、〔…〕やはりこれは〈ありふれたこと〉と呼べるものではけっしてない。[*33]

アーレントの見るところ、アイヒマンの最大の動機は組織内の昇進にあり、ナチズムの世界観や反ユダヤ主義イデオロギーに染まったことにはなかった。信奉する理想のためには悪をもなしてみせようといった決心や覚悟もなく、ただ仕事上の手柄をあげることだけを目的として、歴史上類を見ない大虐殺に加担したという点にアイヒマンの異様さがある。アイヒマンは裁判前の数か月にわたる尋問において、ドイツ系ユダヤ人である警察官に向かって「自分がSS中佐の階級までしか昇進しなかった理由や、出世しなかったのは自分のせいではないということを、くり返しくり返し説明[*34]」したという。このことも、アイヒマンが自分のなしたことの「意味」をまったく把握していなかったこと、彼のなしたこととその動機との間に恐ろしいほどのギャップがあることを示している。これは「滑稽」ではあるが、やはり「ありふれたこと」ではない、とアーレントは言うのだ。

この点について、アイヒマンの尋問を担当したイスラエルの警察官アヴナー・レスも同じ印象を述べている。[35]「彼を第三帝国の気味悪い存在に押し上げたものとは、その盲目的服従ではない。ここにいるのは、どんな方法であれ、どんな手段を使ってでも出世するという考えにとりつかれた人間である」。[36]あるいは、リチャード・バーンスタインによれば、「彼を動機づけたのは昇進人事によって優越感を得て自らの仕事をうまく効率的に処理できることを証明するという、もっともありきたりのささやかなものである。この意味で、アイヒマンの動機は凡庸であると同時に、あまりに人間的である」。[37]

しかし、今日の歴史研究の成果を踏まえれば、彼の「悪」をただ昇進目的という動機だけから説明してよいものなのか、という疑問は残るだろう。シュタングネトの研究は、こうしたアーレントの見解を厳しく批判していた。アルゼンチン逃亡時代、アイヒマンはいかにもナチ・イデオロギーに染まり切った反ユダヤ主義的な発言を堂々と行っていたではないか。「後悔することなど何もない！」「一〇三〇万人いるユダヤ人のうち、一〇三〇万人のユダヤ人を殺したというなら、私は満足してこう言うことができよう。よかろう、我々は敵を殲滅したと」。[38]こうした発言の数々は、アイヒマンが筋金入りのナチ・イデオローグであり反ユダヤ主義者であったことを示しているのではないか。アイヒマンが「イデオロギー的確信」も「特別の悪の動機」も持ち合わせなかったとアーレントが言うのは間違いだったのではないのか。

もう一つ、疑問がある。ドイツ敗戦の色が濃くなり、ヒムラーがユダヤ人虐殺の停止を命じた際にも、アイヒマンはその指示に従わずユダヤ人の収容所への移送業務を継続していた。しかしこれは「組織内の昇進」という行動原理に反するふるまいではないだろうか。むしろこれは、彼が自らの昇進を犠牲としてでも、ユダヤ人殺戮を積極的に推し進めていたことの証左ではないのか。こうした批判に対してはどのように応答すべきだろうか。

(4) アイヒマンの「浅薄さ」

この問いを解く鍵として注目すべきは、一九四二年のヴァンゼー会議でユダヤ問題の「最終解決」が決定された際に、アイヒマンが落胆し、憤り、抵抗の意を示したという先述の出来事である。セサラーニが克明に描き出していることだが、このとき彼は「物理的殲滅」の非道さに心を痛めたゆえに、その決定に反対したのではなかった。そうではなく、その決定によって自らが取り組んできたユダヤ人移住計画が水泡に帰し、自分の昇進の見込みがなくなってしまうという、まったくもって自己中心的な理由から反対したのである。

その一方で、「最終計画」の実施のなかで自らが重要な役割を果たすことが保証されていることを知ると、彼は安堵して、その新たな業務に再び没頭していくようになったという。セサラーニによれば、「「移住専門家」としての彼の職務は消失したが、彼は新たな政策の遂行における鍵となる役割を与えられた。彼がどのような不安を抱いたにせよ、それはあくまで短い間だけのことで、彼と彼のチームがまだ事業(ビジネス)に携わっているという満足感がそれに取って代わった」。こうして「アイヒマンは自分の地位と職場を維持するために、大量虐殺の道を歩み始めたのである」[*39]。

この事実が示しているのは、アイヒマンにとってユダヤ人が強制移住しようが大量虐殺されようが、それが彼の昇進に役立ちさえすれば大した違いはなかった、ということである。アイヒマンにとってユダヤ人は差別や憎しみの対象であるよりも、出世のための道具、あるいは業務上の「材料」でしかなかった。これはある意味では「筋金入りの反ユダヤ主義者」よりもずっと恐ろしい態度ではないだろうか。全体主義的殺戮において、イデオロギーや思想信条すら必要としない労働者（サラリーマン）としてのアイヒマン。[*40]それこそが、アーレントが〈悪の凡庸さ〉という概念でもって描き出そうとした人間像だったのである。

　実際にアイヒマンはサッセン・インタヴューのなかで次のように述べていた。「自分が移送させたユダヤ人のことは〔…〕関心がありませんでした。彼らが生きているか死んでいるかなど、まったく関心がなかったのです。収容所送りは収容所送りなのですから。そのことに関心などなかったのです！」[*41]。この徹底した他者への無関心さ。思想的にユダヤ人を憎んでいたがゆえではなく、ただ自らの出世の道具としてしかユダヤ人を見ないという冷徹さゆえに、「強制移住計画の専門家」から「強制移送計画の専門家」へと矛盾なく移行できたという事実こそ、真にアイヒマンの恐ろしさを伝えるものなのだ。

　アーレントは、自分が最もショックを受けたのは「この犯罪者の行いがあまりに浅薄なもの shallowness」であり、「彼の行為の争う余地のない悪を、より深いレベルの根源ないしは動機にまで遡ってたどることができない」ことだった、と述べている。[*42]彼のなした悪は「邪悪さ、病理、あるいはイデオロギー的な確信などから説明できないもの」であり、その実行者の特徴は「異例なほどに浅薄」ということだけだったのだ、と。[*43]アーレントの言う「凡庸さ」とは、つまるところ、このような「浅薄さ」、別言すれば彼の「薄っぺらさ」を指すものだったと理解すべきではないか。

アーレントは当初から、アイヒマンのなした悪を「悪魔的な偉大さ」あるいは「デモーニッシュなもの」を備えた悪と見てはならず、代わりにそれは「浅薄な悪」、あるいは「表層的な」（根の深くない＝根源的ではない）悪とみなさなければならない、と主張していた。ショーレムとの往復書簡において、アーレントが次のように述べたことは有名だ。

実際、悪はつねにただ極限的であることはあっても、決して根源的なものではなく、深さもデモーニッシュなものも持ち合わせていないというのが、現在の私の考えです。悪はまさに表面に広がるカビのように繁茂するからこそ、全世界を荒廃させうるのです。[*44]

アーレントがヒトラーや他のナチ幹部ではなく、アイヒマンに「新しいタイプの犯罪者」の本質を見出した理由もここにある。ちなみに、ナチスに「悪魔的偉大さ」を見出すべきではなく、「まったくの凡庸さ」からその「新しい悪」を分析すべきだと示唆したのはヤスパースであった。[*45]

これに対して、シュタングネトらの主張は、アイヒマンを「悪魔的な偉大さ」「デモーニッシュなもの」と捉える視点に等しい。しかしその見方では、アイヒマンをヒトラーやヒムラーやシュトライヒャーその他の反ユダヤ主義者たちと同列に捉えてしまい、アイヒマンの「異様さ」「非凡さ」を捉え損なってしまうことになりかねない。全体主義的な悪が「悪魔的な偉大さ」ではなく「浅薄」で「陳腐」なものによって駆動されていた、という逆説的なテーゼをアーレントが描き出そうとしていた点こそが重要なのである。

（5）〈昂揚感〉の追求

もう一つアーレントのなした重要な洞察は、アイヒマンがつねに〈昂揚感 elation〉の獲得をめざして行動していたという指摘である。たとえば、アイヒマンが確信的な反ユダヤ主義者であることを示す発言としてシュタングネトが強調する「私は笑いながら墓穴に飛び込んでみせよう、自分が五〇〇万のユダヤ人を死に至らしめたという事実は大いなる満足を私に与えてくれるからね」という台詞について、アーレントは次のように解釈している。[*46]

終戦時にふさわしい「私は笑いながら墓穴に飛び込んでみせよう」という言葉と、「世界中の反ユダヤ主義への見せしめとして私は喜んで衆人の前で首をくくろう」という言葉とは、彼の頭のなかでは矛盾していなかった。事態がまるっきり変わってしまった今、この「世界中の反ユダヤ主義への云々」という言葉は前者とまったく同じく、彼の心を昂揚させる機能を持っていたのである。[*47]

この二つの発言は、前者がユダヤ人虐殺をまったく反省していない発言、後者がユダヤ人虐殺への加担を進んで認める発言に見え、一見矛盾した内容であるかのように映るのだが、どちらもアイヒマンが周囲からの注目を集めていることを意識したうえで、自らを「昂揚」させる決まり文句として発しているのだと考えれば、両者は同一の機能をもっているというのがアーレントの分析であった。

サッセン・インタヴューにおける、あからさまに民族主義的な世界観の披露についても、シュタングネトはこれをアイヒマンが確信的なナチ・イデオローグであった証拠だと強調するのだが、アーレント（研究者）の側からすれば、むしろあの「演説／独り語り」もまた、典型的な「決まり文句」のつなぎ合わせであり、周囲から期待された役割を過剰に取り込みながら、〈昂揚感〉を追求したふるまいであったと考えられる。シュタングネトが主張するように、その言動がアイヒマンの「仮面」の裏に隠された「本当の姿」だったと断定するのも早計であろう。むしろ彼には「本当の姿」（根）などなく、その都度の状況に合わせて自らの思考や言動を融通無碍に変え、「決まり文句」で表面を取り繕いながら、自らを「昂揚」させる地位をめざし続けるという「浅薄」で「根を欠いた」存在であったと捉えるべきなのだ。

それゆえ、彼の行動動機は組織内の昇進それ自体であったというよりも、昇進を通じて人びとの注目と称賛を集めて〈昂揚感〉を得ることにあったと見るほうがより適切であろう。戦後、ナチ・シンパのヴィレム・サッセンらが六〇〇万人のユダヤ人虐殺という事実を覆い隠す目的で実施したインタヴューのなかで、アイヒマンは六〇〇万人という数字を堂々と認めるばかりか、その人数ではまだまだ不十分であった、と誇らしげに語ってみせて、周囲を失望させた。[*48] こうした滑稽ぶりも、彼がその場で自らに期待された役割を過剰に取り込み、〈昂揚感〉を追求した結果であったと推測することができる。

戦争末期にヒムラーの命令に逆らってまでユダヤ人の収容所移送を継続したという、明らかに昇進に不利になりそうなふるまいについても、この原理から説明することができそうだ。クノップは、この行動が

「ヒトラーの歓心を得るためであった」と述べたうえで、ヘットルの言葉を引用している。「彼が望んでいた最高の栄誉は、いつかヒトラーの接見をうけ、絶滅に対する感謝の言葉をかけてもらうことだった。それが彼の夢だった。その夢が実現することはなく、どうしても諦めきれないでいた」[*49]。

アイヒマンは「悪魔」であるよりもむしろ「道化（クラウン）」である、というアーレントの洞察は、彼のなした悪のおぞましさとその動機の「浅薄さ」のあまりのギャップに由来するものだった。組織人としてはきわめて優秀でありながら、自分の行いを他者の視点から省みることができず、自分の言葉で自分の思考を表現することができず、物事を徹底して「浅い」次元でしか考えられないという異様さこそ、アイヒマンの〈悪の凡庸さ〉の正体だったのだ[*50]。

結　語

近年のナチ研究では、〈悪の凡庸さ〉という概念はアイヒマン以外の多数のドイツ人（ナチ協力者）に当てはめるべきものであって、逆にアイヒマンには当てはめるべきではない概念として捉えるべきだ、と考えられる傾向が強いようだ。『普通の人びと』を著したクリストファー・R・ブラウニングや『ファシズムの教室』を著した田野大輔などがまさにそうした主張を行っている。しかし筆者はこれと反対のことを主張したい。まさにアイヒマンという「異様に浅薄な」人物においてこそ、アーレントの言う〈悪の凡庸さ〉という概念は意味をもつのだと。

アーレントもまた、ナチ体制に無批判に従い、結果的にその悪に加担した多くのドイツ市民の道義的問題について論じている（「独裁体制のもとにおける個人の責任」「道徳哲学のいくつかの問題」など）。しかし彼女は、そうした「平凡な」市民たちがナチ体制を支持した問題を重く見つつも、そこに〈悪の凡庸さ〉という概念を当てはめて批判することはけっしてなかった。

〈悪の凡庸さ〉という概念をアーレントがどのような意味で用いていたのか、そのことを十分理解せぬままに、通説的な「イメージ」だけでこれを批判し、アーレントを論破した気になっている者は、まずもう一度『エルサレムのアイヒマン』を虚心坦懐に読み直すところから始めてみるべきだ。〈悪の凡庸さ〉というフレーズ自体が「決まり文句（クリシェ）」化し、そのもともとの意味が理解されぬまま、漠然とした「イメージ」だけが流通して、これを非難したり擁護したりするという「滑稽な」事態から脱却するためにも。

〔注〕

＊1　Hannah Arendt, *Responsibility and Judgement*, edited by Jerome Kohn, New York, [2003] 2005, p. 17.（＝ハンナ・アレント『責任と判断』中山元訳、ちくま学芸文庫、二〇一六年、三〇頁）。訳文は、邦訳を参照しつつ筆者の判断で一部変更した箇所がある。他の書籍も同様。

＊2　田野大輔「〈机上の犯罪者〉という神話――ホロコースト研究におけるアイヒマンの位置付けを検討する」『Arendt Platz』第七号、日本アーレント研究会、二〇二二年、一六頁。

＊3　ベッティーナ・シュタングネト『エルサレム〈以前〉のアイヒマン――大量殺戮者の平穏な生活』香月恵里訳、みすず書房、二〇二一年、六五頁。

＊4　Kei Hiruta は、〈悪の凡庸さ〉論をめぐる代表的な「神話」を以下の五点にまとめて解説している。①ア

ーレントはアイヒマンを厳しく非難しなかった。②アーレントはアイヒマンをナチ官僚機構の「歯車」と見ていた。③『エルサレムのアイヒマン』は単なる裁判記録の書である。④『エルサレムのアイヒマン』は「悪」について論じた哲学書である。⑤アーレントはユダヤ人虐殺について加害者（ナチス）ではなく被害者（ユダヤ人）を非難した（Kei Hiruta, *Hannah Arendt and Isaiah Berlin. Freedom, Politics and Humanity*, New Jersey, 2021, pp. 126-129）。

＊5　Arendt, *Responsibility and Judgement*, p. 30.（邦訳、五一頁）。

＊6　Hannah Arendt, *Eichmann in Jerusalem, A Report on the Banality of Evil*, New York, [1963] 2006, p. 289.（＝ハンナ・アーレント『新版　エルサレムのアイヒマン』大久保和郎訳、みすず書房、二〇一七年、三九八頁）。

＊7　Arendt, *Responsibility and Judgement*, p. 31.（邦訳、五二頁）。

＊8　David Cesaran, *Becoming Eichmann. Rethinking the Life, Crimes, and Trial of a "Desk Murderer"*, New York, [2004] 2007, pp. 3-4.

＊9　Arendt, *Eichmann*, p. 279.（邦訳、三八四頁）。

＊10　Hannah Arendt, *The Jewish Writings*, edited by Jerome Kohn and Ron H. Feldman, New York, 2007, pp. 478-479.（＝ハンナ・アーレント著、J・コーン／R・H・フェルトマン編『アイヒマン論争――ユダヤ論集』（2）、齋藤純一・山田正行・金慧・矢野久美子・大島かおり訳、みすず書房、二〇一三年、二巻、三三五頁）。

＊11　Arendt, *Eichmann*, p. 45.（邦訳、六二頁）。

＊12　森川輝一はこの点を的確に指摘している。「要するに、アイヒマンは受動的な歯車でも感情を欠いたロボットでもなく、自ら感じ、考え、極めて能動的に行動したのであり、組織人として自発的に職務に邁進したのである」（森川輝一『〈始まり〉のアーレント――「出生」の思想の誕生』岩波書店、二〇一〇年、二四七頁）。

*13 Arendt, *Eichmann*, p. 45.（邦訳、六三－六四頁）。

*14 Cesarani, *Becoming Eichmann*, p. 115.

*15 Arendt, *Eichmann*, pp. 145-156.（邦訳、二〇二－二〇三頁）。

*16 柴嵜雅子は、①「さえない風貌」vs「颯爽としたSS隊員」、②「机上の犯罪者」vs「ヨーロッパを駆け回る交渉人」、③「凡庸」vs「有能なチームリーダー」、④「無思想なロボット」vs「強まっていく反ユダヤ主義」などの相異なるイメージからアイヒマン像を再検討していて情報に富む（柴嵜雅子「アードルフ・アイヒマンの罪」『国際研究論叢――大阪国際大学紀要』第一九巻第一号、二〇〇五年、一一一－一二九頁）。

*17 シュタングネト『エルサレム〈以前〉のアイヒマン』一三頁。

*18 Roger Berkowitz, "Did Eichmann Think?", *The Good Society*, vol. 23, no. 2, 2014, pp. 195-196.

*19 Arendt, *Eichmann*, p. 49.（邦訳、六九頁）。

*20 Cesarani, *Becoming Eichmann*, p. 11.

*21 シュタングネト『エルサレム〈以前〉のアイヒマン』三七二－三七三頁。

*22 同前、三二二頁。

*23 同前、三七三頁。

*24 スタンレー・ミルグラム『服従の心理』山形浩生訳、河出文庫、二〇一二年、二二一頁。

*25 Berkowitz, "Did Eichmann Think?", pp. 195-196.

*26 Hannah Arendt, *Thinking Without a Banister: Essays in Understanding 1953-1975*, edited by Jerome Kohn, New York, 2018, p. 278.

*27 Arendt, *Eichmann*, p. 276.（邦訳、三八〇頁）。

*28 Hannah Arendt, *The Life of the Mind*, New York, 1981, p. 4.（＝ハンナ・アーレント『精神の生活』（上巻）、佐藤和夫訳、岩波書店、一九九四年、六頁）。

*29 Hiruta, *Hannah Arendt and Isaiah Berlin*, p. 39.

＊30 Arendt, *Eichmann*, p. 252.（邦訳、三四九頁）。
＊31 ibid., p. 49.（邦訳、六八頁）。
＊32 ibid., p. 145.（邦訳、二〇二―二〇三頁）。
＊33 ibid., pp. 287-288.（邦訳、三九五頁）。
＊34 ibid.
＊35 レス警部がアイヒマンに抱いた印象は、アーレントのそれにかなり近い。「この男は実際、幻滅であった。私は全く別のことを予想していた。〔…〕私は悪魔に向かい合うことを予期していたのだが、今や、アイヒマンは角も曲がった足も持っていないことを確信せざるを得なかった。路上で彼と出会ったら、全く注意も払わなかったことだろう」（Avner Werner Less, *Lüge! Alles Lüge! Aufzeichnung des Eichmann-Verhörers*, Rekonstruiert von Bettina Stangneth, Zürich-Hamburg, 2012, S. 114. 香月恵里「アイヒマンの悪における「陳腐さ」について」『ドイツ文学論集』（日本独文学会中国四国支部）第四九号、二〇一六年、五七頁）。
＊36 Less, *Lüge! Alles Lüge!*, S. 131.
＊37 リチャード・J・バーンスタイン『根源悪の系譜――カントからアーレントまで』阿部ふく子・後藤正英・齋藤直樹・菅原潤・田口茂訳、法政大学出版局、二〇一三年、三四八頁。
＊38 シュタングネト『エルサレム〈以前〉のアイヒマン』四二四頁。
＊39 Cesarani, *Becoming Eichmann*, p. 116.
＊40 森川輝一はアイヒマンをアーレントの言う〈労働する動物〉――「働く喜び」を覚える組織人――として捉えるという視点をいち早く提示していた（『〈始まり〉のアーレント』二四三―二五三頁）。
＊41 グイド・クノップ『ヒトラーの共犯者――12人の側近たち』（下巻）、高木玲訳、原書房、二〇一五年、五八頁。
＊42 Arendt, *The Life of the Mind*, [1] p. 4.（邦訳、上巻、六頁、強調引用者）。

＊43 Arendt, *Responsibility and Judgement*, p. 159.（邦訳、二九五頁）。

＊44 マリー・ルイーズ・クノット編、ダーヴィト・エレディア編集協力『アーレント＝ショーレム往復書簡』細見和之・大形綾・関口彩乃・橋本紘樹訳、岩波書店、二〇一九年、三八二頁。

＊45 L・ケーラー／H・ザーナー編、ハンナ・アーレント／カール・ヤスパース著『アーレント＝ヤスパース往復書簡――1926-1969』（1）、大島かおり訳、みすず書房、二〇〇四年、七一頁。

＊46 アーレントは当時すでにサッセン・インタヴューを読んでおり（一九六〇年出版の『ライフ』における抜粋記事）、「私は笑いながら墓穴に飛び込んでみせよう」という有名なセリフも引用している（Arendt, *Eichmann*, p. 46.［邦訳、六四-六五頁］）。アーレントはこれをアイヒマンに特有の「ほら吹き」であり、この発言もまた「決まり文句」に頼りきる彼の悪癖を示すものと見ていた。

＊47 Arendt, *Eichmann*, pp. 53-54.（邦訳、七五頁）。

＊48 シュタングネト『エルサレム〈以前〉のアイヒマン』四二二-四三二頁。

＊49 クノップ『ヒトラーの共犯者』（下）、七二頁。

＊50 その意味では〈悪の凡庸さ〉を〈悪の浅薄さ〉と言い換えることも可能であり、そのほうが誤解が少なかったかもしれない。しかし後者ではなく前者の表現だったからこそ、このフレーズが驚くほどに人口に膾炙し、賛否両論の激烈な反応を引き起こしたのであろうとも思われる。

第Ⅱ部　〈悪の凡庸さ〉という難問に向き合う

思想研究者と歴史研究者の対話

第Ⅰ部の四つの論考では、〈悪の凡庸さ〉やアーレントの理解をめぐって、とくに思想研究者と歴史研究者の間に顕著な見解の違いがあることが明らかになった。第Ⅱ部の討論では、その違いがどこにあり、なぜ生じたかを考えるために執筆者の間で対話を行い、それぞれの学問上の立場や考え方の特性なども含めて意見を交わすことで、〈悪の凡庸さ〉についての理解をより深く、また開かれたものにすることをめざしたい。

以下では、「1　〈悪の凡庸さ〉／アーレントの理解をめぐって」、「2　アイヒマンの主体性をどう見るか」、「3　社会に蔓延する〈悪の凡庸さ〉の誤用とどう向き合うか」の三つのテーマについて議論を進めていく。

小野寺　本日の討論は、三つのパートに分けて議論を進めようと思っています。

パート1では、〈悪の凡庸さ〉に関して、あるいはアーレントをどう理解するかということに関して議論したいと思います。というのは、第Ⅰ部の論考は一つひとつ非常に刺激的でおもしろいのですが、やはりかなり見解が異なっていて、とくに思想研究者と歴史研究者で大きな立場の違いが見られるからです。これをそのまま提示すると、じゃあ結局どうなるんだということにもなりかねませんので、一書にまとめるにあたっては、両者の間で対話を深めたうえで、読者のみなさんに結果をお見せすべきではないかと考えました。アーレント研究者とナチズム研究者で、〈悪の凡庸さ〉やアーレントの理解がどうズレているのか、ということだけではなくて、なぜズレているのか、ということについても、それぞれの学問上の立場や考え方の特性まで含めて、討論で明らかにすることができればと思います。これが一番大きなテーマになります。

パート2で議論するのは、アイヒマンの「主体性」という問題です。これはとくに百木さんが書かれていることで、〈悪の凡庸さ〉の概念は歯車理論と誤解されてきたところもあるわけですが、しかしアイヒマンが反ユダヤ主義イデオロギーを受け売りしているのだとすると、それではアイヒマンの主体性とはいったい何なんだ、という話にもなるわけです。ですので、ここではイデオロギーの問題も含めて、アイヒマンの主体性をどう理解するかという問題を議論したいと思います。

パート3は、社会に流布している〈悪の凡庸さ〉がテーマになります。研究者が〈悪の凡庸さ〉という概念を緻密に考えようとしている一方で——たとえばシュタングネトの本も出ているわけですが——、一般社会においてはそうした研究者の努力はあまり反映されておらず、両者の架橋がますます難しくなっている現状があります。そうした状況に研究者がどう対応するべきかという問題が、三つ目のテーマになります。

1　〈悪の凡庸さ〉／アーレントの理解をめぐって

小野寺　パート1では、〈悪の凡庸さ〉に関して、あるいはアーレントをどう理解するかということに関して議論していきたいと思います。

最初に、香月さんに導入の話をしていただきたいのですが、三浦さんの論考〈第Ⅰ部3〉には、シュタングネトはとくに新しいことを言っていないのではないかという趣旨のことが書かれていました。あらためて香月さんに、シュタングネトの研究にはどういうインパクトや新しい知見があるのか、お聞かせいただければと思います。

小野寺拓也

香月　シュタングネトの本は『エルサレム〈以前〉のアイヒマン』というタイトルがついていることから、アーレントの〈悪の凡庸さ〉に対するアンチテーゼを打ち出したような感があるのですが、私はむしろ副題の「大量殺戮者の平穏な生活」のほうが大事だと思うんです。シュタングネトが突き止めたのは、なぜアイヒマンが一〇年もアルゼンチンで普通以上の生活を送ることができたのか、ということです。アーレントは、アイヒマンが惨めな生活を送っていたと言っていますが、けっしてそうではないらしい。そして一〇年経った後、アイヒマンはモサドに捕まるのですが、そのとき西ドイツがなぜ引き渡しを求めなかったのか。その理由を調べると、第四帝国と言ってもいいようなアルゼンチンのナチ・サークル、さらには戦後西ドイツにいた元ナチの大物たちといった存在があってのことだ、ということがわかります。ですからこの本は、半分は西ドイツの非ナチ化の失敗について語っていると思います。

ドイツにあるアイヒマン・ファイルの機密扱いを解くよう求める訴訟が起こされていたのですが、二〇一三年に連邦行政裁判所が訴えを却下したというシュタングネトの追記が本書の翻訳中に送られてきました。二〇二一年に日本語訳が出版されたときに、その後進展がありましたかと問い合わせたのですが、残念ながら何も進展はないという返事でした。アイヒマン・ファイルの機密扱いを解くことができない理由は、国家の安寧や情報提供者の保護、関係する第三者の一般的人格権などが関わっている、ということのようです。

香月恵里

翻訳出版に際してシュタングネトに日本の読者へのメッセージを書いてもらったのですが、そこにはアイヒマンのことよりも、自分の国の過去の恥のようなものを書く苦しさや、また似たような過去をもっている日本でこのようなことが将来起きないように願うばかりだ、ということが書かれていました。ですから、自国の過去を裁くことの難しさ、それがこの本の大きなテーマの一つだと思います。

そして、シュタングネトも哲学者ですので、〈悪の凡庸さ〉が哲学的に見て非常に重要な概念であることについては、異論を唱えているわけではないと思います。とはいえ、先ほど小野寺さんも言われたとおり、この概念に関しては一般的に誤解が広まっていると言えます。たとえば、映画『スペシャリスト』(一九九九年製作)の監督らがこの映画を解説した本のタイトルは『不服従を讃えて』(産業図書、二〇〇〇年)というものです。アイヒマンは命令に従順だったからホロコーストに加担した、だからただ従順に生きるべきではない、と監督はあるインタヴューで述べています。要するに、権力に逆らわない人間が犯す悪、そういう意味での〈悪の凡庸さ〉という理解が広がっていて、シュタングネトはむしろ、そうしたイメージへのアンチテーゼを打ち出したかったのだと思います。その意味で、アーレントが言う意味での〈悪の凡庸さ〉を批判したわけでない、と私は考えています。

シュタングネトの主張を端的に言うと、アイヒマンはエルサレムでも改悛したわけではない、彼は一貫した反ユダヤ主義者であり、反ユダヤ主義という世界観の闘士であった、ということになるかと思います。エルサレムでの彼の姿は死刑を逃れるための芝居で、アーレントでさえそれに引っかかってしまったのだ、ということです。アーレントが言うように、アイヒマンは知性が劣った、愚かな人物ではないということを、資料を通じて明らかにした。以上の二点が、この本の意義ではないかと思います。

小野寺 矢野さんは、シュタングネトの研究の意義をどう考えておられますか。

矢野 私も香月さんが言われたように、シュタングネトの仕事はアーレントが投げかけた問いを反駁するものではないと思います。むしろ〈悪の凡庸さ〉という問題をより大きな見通しのなかに置いて、いくつかの卑俗な誤解、つまり「〈悪の凡庸さ〉の凡庸化」を退けることに確実に役立っていると考えています。

アーレント研究会のシンポジウムでは、全体テーマに「〈悪の凡庸さ〉は無効になったのか」という問いが掲げられたのですが、これに対しても否と答えることができるでしょう。シュタングネトの本の出版をきっかけに活発な議論が行われるようになったこと自体、〈悪の凡庸さ〉という問題が有効性を失っていない事実を証明しているのではないでしょうか。もちろん、それは議論のプラットフォームに関わる大まかな合意があることを示しているのであって、必ずしも個々の論者の見解が一致しているというわけではないのですが。

シュタングネトの研究がアーレントの提示したアイヒマン像に修正を迫るものではあっても、〈悪の凡庸さ〉へのアンチテーゼではないという香月さんの指摘は重要で、私たちがこの概念を論じるための共通のアリーナを設定したものと受け止めています。

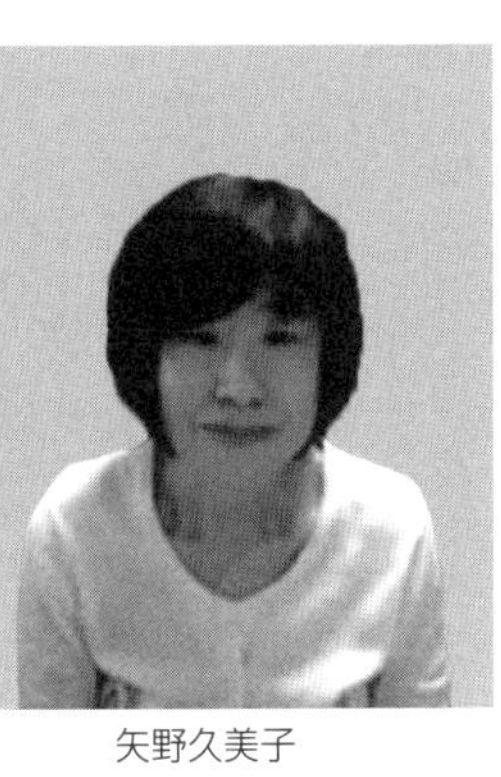
矢野久美子

小野寺　ありがとうございます。〈悪の凡庸さ〉という概念をシュタングネトが必ずしも否定しているわけではないという点は、大事な指摘だと思います。一方で歴史研究者からすると、アイヒマンが一貫した反ユダヤ主義の闘士だったという点は、アーレントの意見とかなり違っている気もするのですが、その点はどうお考えですか。

香月　「アイヒマンは不誠実なショーを行った」というタイトルのシュタングネトへのインタヴューがあって、たしかにその点では、アーレントに対して異議を唱えていると言ってもいいんじゃないいでしょうか。彼女は、アイヒマンが非常に企画力に富み、筆も立つことを強調していて、アーレントがその能力を過小評価していたと考えているように思います。ただ私は、それと凡庸さとの関係については、何とも言えないと思います。

小野寺　この反ユダヤ主義の問題は非常に大きな論点になると思うのですが、まずナチズム研究者とアーレント研究者の見解の違いについて、主に三浦さん、百木さん、矢野さんにご意見をうかがいたいと思います。

これは歴史研究者としての私の意見なのですが、〈悪の凡庸さ〉という言葉はたしかに発表された当時は非常に大きな意味があったと思います。しかし発表されてから六〇年経っていて、当時のアーレントには見えていなかった状況や資料もあるわけです。そして百木さんの論考（第I部4）にもあるように、アーレントの表現には不十分というか言葉足らずな点も少なからずあった、ということですよね。でも「本当はそういう意味で言ったんじゃない」と言い出すとき、注釈をつけないと理解できなくなっているときは、その言葉が有効性を失っているときなのではないか、と思うわけです。であるならば、この言葉はスッパリやめてしまってもいいんじゃないかと思ったりします。この点に関して、まずお三方に見解をお聞きしたいと思います。

百木　そうですね、矢野さんと私は思想史研究で、三浦さんは哲学研究なので、同じアーレント研究と言ってもアプローチの仕方や立場の違いに留意する必要がありますが、歴史研究とアーレント研究の方法論の差異が影響しているところはありそうです。いま小野寺さんが言われたような、「アーレントは、本当はこういう意図で言っていたんだ」という類の主張は、アーレント研究者、とくに思想史研究者がしがちなところではあります。思想史研究の大きな目標は、その思想家が言おうとしていたことを、当時のコンテクストを振り返ることによってできるだけ正確に取り出し、それが思想史的にどういう意義をもっていたのかを明らかにするところにある、と言っていいかと思います。その結果として、私自身のアプローチとしては、どうしてもそういう言い方になってしまうというのはあります。

この種の注釈や言い訳が必要な時点で概念として有効さを失っているんじゃないかと言われると、たしかにそうなのかもしれません。しかし同時に、思想史研究の立場からは、アーレントが意図していたのはこういうことだったということを、当時の状況やさまざまなテキストから明らかにすることにも、やはり何かしら意味があるだろうとも考えています。

百木 漠

三浦 『エルサレムのアイヒマン』が刊行されて六〇年ですけれど、アーレントもあの世で、いまだにこういう座談会が行われていることを意外に、とはいえうれしく感じているかもしれないですね。

私は哲学畑なので、〈悪の凡庸さ〉は新たな悪の見方を提示した概念だと思っています。そして、とんでもない悪だと思われていた出来事を探っていったら実は瑣末なことが原因だったというのは、ニュースやルポルタージュなどを通じて時折感じるところがあるので、アイヒマン裁判を離れたとしても、私たちが社会や悪を見るときに使える概念として、いまも生き残っているのではないかと私は捉えています。

矢野　小野寺さんが「注釈をつけないと理解できなくなっているときは、その言葉が有効性を失っているとき」で、「この言葉はスッパリやめてしまってもいいいんじゃないか」とおっしゃったことには、やはり違和感を覚えます。私はある言葉を有効だとか使用するとか、そういうふうに割り切ったプラグマティックな発想のなかに想定されている学問的なルーティンのようなものには乗り切れません。何かを考えるということはそういうことでしょうか。「注釈をつけないと理解できなくなる」という理解の地平における疎隔関係はむしろ重要なものですし、新たな理解が開かれてくる手がかりなのではないかとも思います。

三浦隆宏

歴史研究においても、原理的な問いかけを担う言葉にそのつど立ち返りながら対話を重ねていくということはあったのではないかと思いますが、それは古い考え方なのでしょうか。蓄積のある言葉が忘れられることは、思想史においても哲学史においてもあることですが、それが伏流水のように意外なところで噴き上がってくることも普通にあります。「悪」や「根源悪」というのはとても重い言葉だと思いますし、〈悪の凡庸さ〉という言葉が指しているもの、そこから私たちがまた違うものを学んでいく可能性と有効性は、そういう意味ではけっして失われていないし、失われることはないと考えています。

小野寺　歴史研究では、やはり研究の進展とともに使われる概念が変わっていく傾向がありますね。たとえばナチズム研究で言うと、ヒトラーの意図や思想が上意下達されていく全体主義体制としてナチ体制を捉える「意図派」という考え方が一九六〇年代までは強くて、一九七〇年代になると「機能派」という、機能（幹部）エリートたちの体制へのさまざまな関与を重視する考え方が強くなってきます。しかし一九九〇年代になると、今度はヒトラーやエリートたちだけでなく、いわゆる「普通の人びと」もナチ体制に同意、協力していたことが重要だったんじゃないかという、「賛同にもとづく独裁」論が学界を席巻するようになりました。このように研究状況に応じて使われる概念が変わっていくというのは、歴史学ではよくある現象なのではないかと思います。

ところで、〈悪の凡庸さ〉という概念を使うことで、具体的にはどういうことが考えられると矢野さんはお考えなのでしょうか。

矢野　「意図派」や「機能派」、「普通の人びと」といった研究史における局面転換を否定するつもりはまったくありませんし、私もドイツの政治文化を考える際、そうした認識を共有しているつもりです。しかし、とりわけ根源的な問いが投げかけられている問題について、プラグマティックな姿勢で臨むということはどうなのかな、と思います。

つまり、〈悪の凡庸さ〉という概念を「使う」という表現が私には馴染まないのかな、とも思いますが、ただ単にある概念をいまどういうふうに使うか、ということではなく、この悪をめぐる問いが近代以降の人間の営みや、思考の編成や知のシステムという文脈に置かれたときに、どんな意味をもっているのだろうか、ということに関心があります。近代批判や現代分析という大きな見通しのなかで、どういう差し迫った課題が生じているか、ということですね。もっと大きなコンテクストのなかに置いてみると、重要なことが見えてくるのではないか、と思っています。

小野寺　歴史研究者は、本当にそれが現代の問題を考える助けになるのか、というところにも疑念をもっているんだと思うんですが、いままでの議論を踏まえて、田野さんいかがでしょうか。

田野　いろいろと言いたいことがあるので、うまく整理できるかわからないのですが、まず言っておきたいのは、私も〈悪の凡庸さ〉という概念はこういう座談会を開くに値する重要な問題を提起していると思っている、ということです。その意味では、近代や現代を考える手がかりとしては重要性を失っていないと考えているのですが、むしろそれが取りこぼしているものを考えるためにこそ有効ではないか、という思いもあります。その有効性というのは、必ずしもその概念が現実をうまく捉えているかとはあまり関係がない、という印象です。どういうことかと言うと、歴史研究者としてはやはりホロコーストがどうして起こったのか、ということを説明するのが一番重要なのですが、そのときにこの概念がその現象をどこまで説明し、どこを説明してないのかというところが、私自身は何十年も気になっているわけです。

矢野さんが言われていた、現代を考えるうえでのヒントや教訓的なものが〈悪の凡庸さ〉にある、という点には同意できます。しかし今日の状況を見ると、アーレントの概念はかなり誤解され、歪められた形で広まっていますよね。世間一般の人は、歯車理論が提示するような従順な官僚というところに〈悪の凡庸さ〉を見ていて、そこにアイヒマン個人にとどまらない現代社会を考える重要な意味を見出したからこそ、これほど広がっていると思うのです。ですから、この概念は今日の普遍的な問題を考えるヒントにはなっているんだけれど、アーレント自身が考えていたものとは違うところで、その普遍性を発揮しているのではないでしょうか。

もう一つは、冒頭の香月さんのご指摘と関わりますが、シュタングネトがどういうことを意図していたのかという問題です。『エルサレム〈以前〉のアイヒマン』が出版されたとき、その内容とアーレントの言う〈悪の凡庸さ〉とが対立的に捉えられたがゆえに、これだけ反響を呼んだと思うのですが、たとえば百木さんの論考を読むと、シュタングネトが明らかにしたこととアーレントが書いていたことはそれほど違わないことがわかります。むしろ対立軸がどこにあるかと言うと、アイヒマン個人がどうだったのかという個性記述的な問題と、歯車理論のような普遍的な問題との間にあるのではないでしょうか。これは私がシュタングネトの本を読んで感じたことなのですが、アイヒマンを筋金入りの反ユダヤ主義者だとか確信的なナチだとかいった捉え方をすると、逆にアーレントが否定しようとしていた、アイヒマンを冷酷非道なモンスターとして捉える方向にもつながっていく。ですから、対立軸はアーレントとシュタングネトの間にあると言うより、普遍性を志向するのか、アイヒマンを歴史的に一回きりの個性的な存在と見るのかというところにあるように思います。

田野大輔

小野寺　私の理解では、田野さんはいま三つのことを話していて、一つは〈悪の凡庸さ〉の教訓と言っても結局通俗的な形で取り込まれてしまっているのではないか、という話です。これはパート3で議論することだと思うのですね。

それから、たぶん百木さんはアイヒマンが具体的にどういう人物かということに興味をもっているのに対して、三浦さんと、おそらく矢野さんもアイヒマンがどういう人物かということにはそれほど強い興味がないのかなという印象があります。つまり、アイヒマンという個人をどういうふうに記述するかという問題と、アイヒマンからどのようなものを得るかというところの対立をどう考えるか、というのが二つ目ですよね。

三つ目は反ユダヤ主義の問題で、田野さんは、確信犯的な反ユダヤ主義者という見方はモンスター化につながるのではないかと言われたわけですね。まずはこの点、アイヒマンという個別の人間をどう捉えるべきかについて、百木さんからご意見をいただければと思います。

百木　私はアイヒマンが非常に興味深い人物だということを、今回この企画に携わらせてもらってあらためて認識したところがあります。田野さんの論考（第I部2）を読んで、近年のナチズム研究では〈悪の凡庸さ〉はアイヒマンを形容するには不適当で、むしろアイヒマン以外によく当てはまる概念として活かすほうがいいのではないか、という提起がなされていると知りました。それもなるほどと思うのですが、私自身はやはり、〈悪の凡庸さ〉という概念はアイヒマンだからこそ活きるのだ、と考えていて、そういう方針で今回の論考を書きました。

小野寺　百木さんの場合は、アイヒマンという人物それ自体にもっと知りたいと思わせる何かがある、ということでしょうか。

百木　そうですね、デヴィッド・セサラーニの書いた『*Becoming Eichmann*（アイヒマンになる）』（未邦訳、二〇〇四年）というアイヒマンの伝記なども読んで、とてもおもしろかったんですね。なんとも興味深い生涯を送った人だなと。シュタングネトの本とあわせて、ますますこの人物に関心をもつようになりました。

小野寺　三浦さん、この点いかがでしょうか。

三浦　その問いに答える前に、先ほどのシュタングネトとアーレントの対比で言うと、時間（あるいは年代）の差が大事だと思います。シュタングネトが前半であとづけたアイヒマンはバリバリ活躍していた頃のアイヒマンですが、アーレントが実際に自分の目で見たのは――私たちもそれと同じ目線で映像を見ているわけですが――それから二〇年以上経ち、すでに初老で、被告人として立っているアイヒマンなわけです。私はそのズレを重視していて、一人の人間が華々しく活躍しているときと、晩年を迎えたときの人物像のギャップという観点で捉えています。アーレントも書いていますが、自分がいざ絞首刑になるというその直前に、弔辞で用いられる決まり文句がとっさに口から出てしまうというばかばかしさ、というのはたしかにおもしろいと思うんですが、私自身はアイヒマンをあまり買いかぶっていないというか、そこまでの興味はない、という立場です。

小野寺　矢野さんも、アイヒマンはこういう人物だというふうに閉じてしまう議論には、あまり乗れない感じですか。

矢野　議論があちこち行き交っていますね（笑）。最初に〈悪の凡庸さ〉は無効になったのかという理論的な問題があって、次にアイヒマンの個性をどういうふうに見るのかという点が出されました。「乗れる」かどうかの問題でもないように思います。先ほど百木さんが言われたアプローチは興味深いと思いますが、アイヒマン個人の個性という問いの立て方が私にはしっくりきていないことは、小野寺さんが見抜かれているとおりかもしれません。シュタングネトの本はすごく迫力があったし、香月さんが最初に言われたように、ドイツの過去の問題やアルゼンチンに逃れた元ナチのまったく反省していない人びとの問題を鮮やかに照らし出していると思います。

先ほど田野さんが、個性記述的な問題と理論的で普遍的な問題との対立、といったお話をされていて、第I部の論考でも「アーレントとホロコースト研究者の見解の対立は、法則定立的な政治学と個性記述的な歴史学の基本的方向性の違いを反映している面がある」とヴィンデルバントふうに指摘されていたのですが、アーレントの仕事のスタイルは、理論を現実に当てはめるというようなものではありません。それはまったく違います。シュタングネトの言うように、アーレントはアイヒマンのショーに騙された部分もあるかもしれませんが、アーレントはそこでは具体的な資料と自分が見たものを分析していて、最後に〈悪の凡庸さ〉という言葉を提示したわけです。その思索の過程というのは、個別事例ですか理論ですか、というのではないと思います。そういう二項対立では、〈悪の凡庸さ〉をめぐる議論の幅を収めることはできないのではないでしょうか。

小野寺　ただそれでも、〈悪の凡庸さ〉という言葉でアイヒマンをきちんと説明できるかどうか、という点は重要なのではないでしょうか。アイヒマンを理解するときに、〈悪の凡庸さ〉という言葉が使えるか使えないかという問題と、その言葉を使ってわれわれが社会のありようなどを考えられるかという問題は別のことだと思うのですが、いま話をしているのは前者のほうで、アイヒマンを理解できるかという点は、この言葉を考えるうえで決定的に重要だ、ということでよろしいでしょうか。

矢野　アイヒマンを理解できるかどうか、この奇妙な存在を理解することが重要であることはもちろんです。『エルサレムのアイヒマン』の副題でもありますから。

小野寺　そうですよね。そこで先ほど田野さんが三番目に言われた、反ユダヤ主義の問題を取り上げる必要が出てきます。この点については、三浦さんと百木さんの見方だと、アイヒマンの反ユダヤ主義イデオロギーの内面化は、どちらかと言うと浅薄さゆえに、言われていることをただ丸呑みしたもので、まさに〈悪の凡庸さ〉なのだ、ということになるかと思います。百木さんははっきりとそう書かれていますし、三浦さんもだいたいそういう趣旨ですよね。イデオロギーと言うと、信念をもって何かをするという主体的な行為として一般的には理解されているわけですが、お二人はそういう主体性をあまり重視していない。

私自身は、アーレントが反ユダヤ主義という契機をあまり重視しなかった点にシュタングネトとの大きな違いがあると考えていて、たしかにアイヒマンは当初反ユダヤ主義イデオロギーを内面化していなかったかもしれませんが、途中でそのイデオロギーを受け入れて、結果的に表面上は反ユダヤ主義者とそう変わらない行動をとっていた時期も長くあったわけですよね。そうしたことを私たちはどう捉えられるのだろうかという点について、いろいろと考えるところがあります。ともあれ、反ユダヤ主義の役割をどう捉えるかという問題はすごく大事なポイントだと思いますので、百木さん、三浦さんの順でお考えを聞かせていただきたいのですが。

百木　小野寺さんや田野さんが指摘されるように、アーレントがイデオロギーの役割を軽視していたのではないかという点が最新のナチズム研究からすると引っかかる、というのは勉強になりました。アイヒマンは何のイデオロギー的確信ももっていなかったとアーレントが書いたことは、現在の歴史研究の水準からすると問題があると言わざるをえない、というのは理解できます。ただ一方で、イデオロギーの役割をあまりに大きく評価しすぎるのもどうか、とも思います。シュタングネトの本を読んで、たしかに新しい知見を出してくれているのだけれども、他方でアイヒマンを筋金入りの反ユダヤ主義者、ナチズムの典型的なイデオローグみたいな形で位置づけてしまうと、見失ってしまうものも多いのではないか、と感じたところがあります。そうすると、かえってアイヒマンを悪魔化、怪物化することになって、アイヒマンの特異性を見失ってしまうのではないかと。

サッセン・インタヴューで彼がナチの典型的な世界観を披露していたことは否定しようがないし、親衛隊で勤務していた時代から反ユダヤ主義が彼の行動を正当化するものとして使われていたのも、そうだったんでしょう。一方で、それが彼にとって一番重要な動機だったのかと言うと、違うんじゃないかという気がします。私の見るところでは、注目を集めて称賛を浴びたいということが彼を突き動かしていた一番の動機で、状況によって反ユダヤ主義が使えるのであればそれも使うし、そうでなければイデオロギーはたいして重要ではない、という程度の位置づけだったのではないか。サッセン・インタヴューでは、アルゼンチンのナチ・サークルで自分がそうした発言をすることを求められているのだろうと過剰に読み込んで、あまりに典型的に、それこそクリシェ（決まり文句）的なナチの世界観をとうとうと披露してみせたのではないでしょうか。

これはアーレントが強調していることですが、親衛隊勤務時代の最初の頃には、アイヒマンは自分はむしろシオニストだと名乗っていたらしいんですね。自分はユダヤ人の敵ではなくて味方なんだ、ユダヤ人を救おうとしているんだと、けっこう本気で思っていた節がある。最終的なホロコーストの方針が決定されるまでは、ユダヤ人を物理的に消滅させるという考えはまったくもっておらず、国外移住させてあげたほうがユダヤ人にとっても幸せだし、ドイツ人にとっても幸せだという論理で動いていた。実際にそういう方針で出世してきたし、さまざまな成功を収めて注目を集めることもできた。ところが、もう強制移住の方針が無理になって、物理的な殲滅のほうに行きますよとなったら、じゃあ仕方がないということで、そのときのイデオロギーに合わせて動く。そして、アルゼンチンに行ったらまたその状況のなかで周囲に合わせようとするし、裁判の場になると自分が罪をかぶって代表として死んでいきましょうなどと言ってしまう。つまり、彼にとってイデオロギーというのは自分が注目や称賛を集めるための手段なのであって、反ユダヤ主義やナチ・イデオロギーが彼を突き動かしていた根本の動機だったかと言うと、そうではないと考えています。ヒトラーやヒムラー、ゲッベルスやシュトライヒャーなど、ナチ党の主要人物とアイヒマンとはかなり性格が異なると捉えたほうがいいんじゃないでしょうか。

小野寺　アイヒマンは筋金入りの反ユダヤ主義者とは言えないという見方に違和感があったのは、たとえばヒトラーだって最初から筋金入りの反ユダヤ主義者ではなく、ウィーンの青年時代にはそんなに目立っていなかったのが第一次世界大戦以降に急進化していくので――幼少期から反ユダヤ主義的な人などほとんどいないわけで――、その点どうなのか、ということなのです。百木さんは、イデオロギーを内面化した部分は否定しないにせよ、それが一番大事な動機だとは思えないという意味で、筋金入りではないという理解をされているんですよね。それはよくわかりました。

この点、三浦さんはいかがでしょうか。

三浦　私も百木さんのいまの話とだいたい同じなんですが、アーレントは後年に発表した論考「思考と道徳の問題」の冒頭で、「この人物は、ナチ体制において果たした役割と同じように楽々と、著名な戦争犯罪人の役割を演じていました」と書いていますし、シュタングネトもやはり「驚くほど巧みな自己演出をした」と記していますので、アイヒマンはその場や状況で自分に求められた役割を演じるのがすごくうまいと言うか、その点では並外れたものがあったのでしょう。筋金入りの反ユダヤ主義者というのは、私自身がよく知らないからでしょうが、あまりピンとこないんですよね。

小野寺　この点では多少の歩み寄りがあったようにも思うのですが、田野さんはいまの議論に対していかがでしょうか。

田野　いまのお話をうかがっていて、私の意見というよりも交通整理みたいな話になるんですが、一方に、アイヒマンは筋金入りの反ユダヤ主義者だという見方があって、もう一方に、彼にとってイデオロギーは単に使える道具にすぎず、それを自分の出世の手段として利用していたという見方があって、この対立が小野寺さんの提起された二番目の点と関わってくると思います。いまのナチズム・ホロコースト研究では、この二つの見方のどちらも真実の一端を突いているので、それをいかに架橋したらいいのか、言い換えると、「意図派」と「機能派」の見方をいかに接合できるのかというところが、課題になっているわけですよね。

百木さんの説明を聞いていて、考え方がそう違うわけではないと思う一方で、イデオロギーはいろいろな手段のなかの一つといった位置づけに関しては、ナチズム研究者はおそらくそうは見ないだろう、と思いました。自分の出世のために使える手段はいろいろあるわけですが、イデオロギーというのは包括的な次元で人びとの行動を方向づけるものであって、それをいろいろ使える道具のなかの一つにすぎないと見るのは、いまのナチズム研究からすると行き過ぎだと言えます。ただ他方で――シュタングネトにもそういうところがあるのですが――、アイヒマンが反ユダヤ主義を信じきっていたと見るのも違うのではないかと歴史研究者は考えていて、その両極の間の関係をどう説明するのかというところが、いま一番ホットな問題になっています。

私がどのように考えているのかを示すのは難しいのですが、反ユダヤ主義は当時国策としてすべてのドイツ人に要求されていたことなので、それをどこまで信じるかに程度の差はあれ、人びとの行動を何らかの形で方向づけていたという見方が必要だということは、少なくとも言えるかと思います。

小野寺　補足しますと、これは西洋史学会のシンポジウムでコメントしたことなんですが、イデオロギーというのは使えるときは使って使わないときは使わないという、そういうものではないだろうと私は考えています。たとえば、ユダヤ人問題があるんだといったん認めてしまうと、それ自体が認識枠組みをつくるわけですよね。ユダヤ人問題は解決されなければならない問題だから、こうしなければならないということで、人びとが行動する条件を縛っていく、つまり選択肢を狭めて急進化していく方向に作用する。イデオロギーは洋服とは違って着脱可能なアイテムではなくて、人間の行動を深いところで特定の方向に誘導していくし、そう簡単に「やめた」と言ってやめられないから、ホロコーストは途中で止まらずに、どんどん急進化していったわけです。

ですから私は、イデオロギーという問題は〈悪の凡庸さ〉という概念では適切に捉えられないので、ここは根本的に考え直さなければならないだろうと思っているのですが、この問題は、あまり深く突っ込んで議論しても生産的ではないかもしれませんね。

田野　私も小野寺さんと似たような文献を読んでいるのでよくわかるのですが、イデオロギーも反ユダヤ主義も民族共同体の問題もそうですけれど、要はコンセンサスなんですよね。程度の差はあるにしても、そこからそう簡単には逃れられない、そういう働きをするものではないでしょうか。ですから、いくつかあるなかで都合のいいときに使えるものという言い方をされると、それはちょっと違うんじゃないかと感じてしまいます。

百木　イデオロギーは単なる着脱可能なアイテムではない、という指摘はなるほどと思いました。アイヒマンが初期の頃、自分をシオニストだと認識して、むしろユダヤ人に親切にしてやっているんだという意識があったとしても、実際にやっていることは本当にひどくて、全財産を取り上げて無理やり強制移住させている。だから実際には、彼にもユダヤ人に対する差別的な姿勢は当然あったでしょう。かつて就職の際にユダヤ人の知り合いに助けてもらったと言っても、結局は親衛隊で働くうちに反ユダヤ主義的な思想に染まっていき、それによって自分の行動を正当化するようになっていったわけで、彼の思考や行動様式自体が反ユダヤ主義やナチズム的な思想によってかなり規定されていて、そんなに自由なものではなかったというのは、そのとおりかもしれません。

田野　いま百木さんが出された例で言うと、アイヒマンは当初はユダヤ人の国外移住を促進していて、パレスチナにユダヤ人の国家をつくることにも反対ではなかったんですが、戦争が始まって何年かすると、ユダヤ人の物理的な抹殺という形になっていくので、そこに一見大きな方針転換があるように見える。しかし、ドイツの勢力圏からユダヤ人を排除するという大枠では矛盾するわけではないので、反ユダヤ主義イデオロギーは一段高次のメタなレベルで働いていて、個々のユダヤ人を助けて国外移住させることにも物理的に抹殺することにも効力を発揮していると、そのように理解することができるかと思います。

矢野　そのイデオロギーの問題ですが、小野寺さんと田野さんのご指摘はそのとおりですし、ナチ時代には反ユダヤ主義が世界観となっていて、アイヒマンに限らず、多くの人びとがその世界観に水路づけられて動いていたのはたしかです。『全体主義の起源』が刊行された当時、いくつかのタイプの全体主義論が存在していたのですが、アーレントの全体主義論の特徴は、反ユダヤ主義に一巻を割き、長いスパンでこのイデオロギーが果たした役割を重視した点にあります。しかし、行政的大量殺戮にいたった全体主義という未曽有のシステムを考えるなかで、ことは反ユダヤ主義の問題にはとどまらなくなります。「全体主義」と題された第三巻で、アーレントはナチズムとボルシェヴィズムを同時並行で分析しています。そして、テロルとイデオロギーが「組織化された孤独」を実現し、「見捨てられた状態」になった人間の途方もない動員システムを可能にしたと結論づけました。

アーレントがアイヒマンは反ユダヤ主義的ではないと言ったという指摘がありましたが、それがどういう文脈でなされた発言かも重要です。アイヒマンがナチの官僚である限り、反ユダヤ主義的であることは間違いないわけです。また重要な問題として、イデオロギーだけでホロコーストは起こらなかったわけです。そこに組織があり機構があって初めてあのような結果が生み出されたわけですから、その組織や機構はただのニュートラルなマシーンではない。それを微細な部分で支えるメンタリティもあります。ホロコーストを可能にしてしまったメンタリティは何なのかということも考える必要があるし、そうしたメンタリティはナチズムの時代に突如生じたものではない。だからこそアーレントは「反ユダヤ主義」と「帝国主義」を、一八世紀と一九世紀の要素に遡って考察したのだと思います。そこに〈悪の凡庸さ〉につながる問題の根源があるように思います。

百木　私自身は、シュタングネトがアイヒマンを筋金入りの反ユダヤ主義者として描き出そうとしているところにいささかの問題を感じたのですが、香月さんは実際に訳されていてどう感じたのか、ご意見をうかがいたいです。

香月　シュタングネトは、アイヒマンを筋金入りの反ユダヤ主義者と考えていると思います。サッセン・インタヴューで見せた顔がアイヒマンの本当の顔である、と確信しているようです。ただ、その見方が正しいとは私自身は思いません。反ユダヤ主義というものが実はよくわからないと言うか、アイヒマンは反ユダヤ主義者でありながらヘブライ語やイディッシュ語を勉強しようと思ったり、ユダヤの文物に興味をもったりという、親ユダヤ的な面ももっていたんですよね。反ユダヤ主義者なのに、そういうものに興味をもつのはどうしてでしょうか。また、自分はパレスチナのサローナで生まれて、ユダヤのことに通じているのだと自慢したりもする。そういう行動と反ユダヤ主義イデオロギーの関係がよくわからないのですが、ただ私がセサラーニの本などを読んで思うのは、世界観と言うよりも時代の空気、アイヒマンが育った当時のリンツの空気ですね。そして、その時代の教育です。そういうものが、アイヒマンだけでなくすべてを取り巻いていた。親衛隊にはオーストリア出身者が多いですし、そこには宗教の問題も絡んでいて私の手には負えないのですけれど、アイヒマンの反ユダヤ主義について、私はシュタングネトほどの確信はもてません。

小野寺　メンタリティ、あるいは空気と表現するか、イデオロギーという言葉を使うかで、いろんなことが変わってくるんだろうという気がするのですが、ここではこれ以上深入りしないでおこうと思います。

次に、歴史研究者と思想研究者のものの考え方の違いについて議論できたらと思います。

一つ目は、百木さんの論考はとてもおもしろかったのですが、他方で一種の人間類型論に見えてしまうところがあって、「こういう人間もいますよね」という議論に終わっている印象が残りました。歴史研究者は、もちろん人物にも興味をもつけれど、どうしてこういう出来事が生じたのかという点に、より興味をもつことが多いと思います。

『エルサレム〈以前〉のアイヒマン』に、世の中にはいろんな道徳があるけれども、国際的な道徳などというものは存在せず、民族の助けになるものだけが道徳なのだと主張するアイヒマンの発言が紹介されているのですが、これは近年のナチズム研究で言われている「ナチ的道徳」そのものなんです。つまり、道徳に普遍的なものはない、民族共同体に役立つものが道徳なのであって、その外にいる人たちに同情したり共感したりするのはむしろ罪で、そうした人に情けをかけないことが道徳的なのだというものです。アイヒマンの発言には、こうしたナチスの道徳理念の典型例が見出されるので、私としては、これを〈悪の凡庸さ〉という言葉で捉えるよりも、もっと構造的に把握したほうがいいと思ったりするわけです。とはいえ、これは歴史学という学問の特性によってそう考えがちになっているのかもしれないし、もしかしたら、この問い自体が学問の特性の違いを表しているのかもしれません。この点、百木さんいかがでしょうか。

百木　人間類型論だけで終わらせるつもりはまったくなかったのですが、歴史研究者から見るとそう映ってしまうんでしょうか。私はアイヒマンがどのようなメンタリティで行動していたのかという点に関心をもっていたので、それが歴史研究の視点からすると構造的な分析として弱く見えてしまうということかもしれません。それは私がアイヒマン個人に関心をもっているからかもしれませんが、アーレントもアイヒマンのような人物がナチ組織の中核にいたことが全体主義を考察するうえで重要なポイントをなしていると考えていたんじゃないか、と捉えているんですけどね。

アーレントがアイヒマンに見出した「浅薄さ」については、「こういう奴ってわれわれの周りにもいるよね」という側面と、「とはいえ、ここまでの奴はなかなかいない」という側面の両方があるんじゃないかという印象をもっています。行動の動機が出世したい、それによって注目や称賛を集めたいという薄っぺらなものであるということと、その薄っぺらな動機で何百万人ものユダヤ人を絶滅収容所へ送るところまでやってしまうという罪の深さ（深淵）と、そのギャップに驚くべきだというのが、アーレントの言いたかったところなんだと理解しています。それはやはり単純な人間類型論の問題ではないのではないでしょうか。

小野寺　視点の置き方がそれぞれある、ということですね。

ここからはもう少し抽象的な話で、歴史研究者と思想研究者が過去を扱う場合、着眼点や注目点で何が共通していて何が違うのか、ということが重要だと思うのですが、田野さん、なかなか難しいところですがいかがでしょうか。

田野　矢野さんや百木さんの話を聞いていて、なるほどと思うところもあって、どこに違いがあるのか考えているのですが、考えれば考えるほど、あんまり違わないのではないかという気もしてきて、難しいですね。ただ、これは本筋から離れるかもしれないのですが、小野寺さんが人間類型論に陥る危険性について話していましたけれど、その言葉はかえって混乱を招くのではないでしょうか。一方に、百木さんの論考のように、あくまでアイヒマンの個性、パーソナリティに焦点をあてるという極があって、他方に、近代における官僚制の役割に注目して、命令に従順な人が集まって巨大な悪をなしてしまう危険性に注目するという極があるのですが、この二つの極の間には抽象度が上がっていく段階がいくつもあって、人間類型論というのはその中間くらいにあるイメージです。

あくまでアイヒマンに焦点をあてて記述できるレベルと、現代人を代表しているのがアイヒマンで、そういう人物が官僚として働くことで災禍がもたらされると見るようなレベルとの間で、何をどう考えたらいいのかというところが重要だと私は思っています。

そこでの抽象度の上げ方ですが、矢野さんが言われたように、アーレントはちゃんと資料を読んでいて具体的なレベルで考えようとしているのだけれども、結論部分では性急に〈悪の凡庸さ〉ということを言い出して、抽象度を丁寧に上げていないように思うのです。問題提起はしたので後はお任せします、といった感じで投げ出した印象があるので、それを受けて歴史研究者としてどうしようかと、あれこれ考えているわけです。アイヒマンのようなタイプの人間を現代社会の問題を考えるうえでどこまで重要だとみなすのか、という点については、少なくとも百木さんの論考を読むと若干個人に閉じた印象があるのですが、だからと言って、逆にそれを現代一般の問題にしてしまうと、それはそれで無理が生じてしまうので、非常に難しいところだと思います。

また先ほど小野寺さんが言及したナチ的道徳といった見方をすると、それが近代官僚制の特徴を捉えようとするときにどこまで有効性をもつのか、といった問題も出てきて、かなり複雑です。

小野寺　いまの抽象度という点は、とても重要だと思います。歴史学は事実にもとづくことが学問の基本で、思想も当然事実にもとづくはずなので、そこは同じだと思います。矢野さんはアーレント研究会のシンポジウムで「ホロコースト研究は実証に尽きるものなのか」と質問されていて、歴史学のなかではあまり聞かない問いで印象的だったのですが、この点について、もう少し具体的にお話しいただけますか。

矢野　たしかそのシンポジウムでは、まず端的に〈悪の凡庸さ〉というのは実証の問題なのだろうか、と思ったのだと思います。また、ホロコーストという「文明の崩壊」を考えるときに、資料や証言や遺物の検証だけでは済まされない事態を前提とせざるをえないのではないか、とも考えました。もちろん、これは実証を否定しているのでも批判しているのでもありません。それでも、ホロコーストのような、幾重にも隠蔽され、否認され、修正主義的言説にくるまれている出来事こそ、実証の彼方を要請するのではないでしょうか。数値、公的資料、普通の人びとが残したもの、詩、すべてがかけがえのない資料ですが、そこに出てこないものや語られていないことをどのように捉えるのか、ということが関わってくると思います。〈悪の凡庸さ〉をめぐる議論の意味は、実証的かどうか、という形ではすくい取れない問題をはらんでいるのではないか、ということです。

小野寺　いま言われたことは歴史研究者もおおむね異論はないはずで、われわれも文字資料だけではなく聞き取りとか、場合によっては文学作品を使うこともありますし、いろいろなものを資料として用いています。また、書かれていないことをどう扱うか、ということも歴史学が考えなければならない基本的な問題なので、その点を含めて歴史学は実証をしようとしていると思うのです。

矢野　はい、それはそうなのかもしれません。ただあくまで、歴史研究者対思想研究者という二分法には留保を残したいと思います。また、いま個人的には実証主義というプロセスにおける主観性の問題も気になっています。

小野寺　それはパート3の話に関わっていて、いまここにいる人間として過去をどう見るのか、という歴史研究者や思想研究者の主体性の問題だと思います。ただ、歴史研究者の場合、その点は認めるものの、それだけだとすべてが立場性の問題になってしまって、とてもむなしいものがあります。ですから、なるべく多くの人が共有できる立ち位置を探り、歴史研究者の主観に依存していることは認めつつも、ポジショナリティで全部終わりという議論にはしないようにしています。ただ、それは思想研究者も同じではないでしょうか。

矢野　はい、それはそうだと思います。

小野寺　事前の打ち合わせで田野さんが、ホロコーストがなぜ起こったのか、どのように起こったのかを考えるのが歴史研究者の立場で、ホロコーストとは何か、どのような意味があるのかを考えるのが思想研究者ではないか、と言われていたのですが、この点いかがでしょうか。

田野　この二つの問いは相互に関連しているので、そう明確に分けられるものではないと思いますが、アーレント研究者が書かれた〈悪の凡庸さ〉に関する本を読んでいると、言葉の使い方に規範的なものを感じることが多いんです。たとえば「浅薄さ」という言葉にしても、「根源悪」というものとの対比で使われていて——それが歴史学の見方に比べて主観的だと言うつもりはないのですが——、歴史研究者はそういう問題の立て方はあまりしません。根源的か浅薄かといった対立で、この問題を考えることはしないでしょうね。その違いは何かと考えると、最終的にめざすところの違いで、思想研究者はホロコーストとは何なのかを考えようとしていて、われわれ歴史研究者はどうしてこれが起こっていて、人間がどう動いた結果こうなっているのかを知りたいという、問題関心の違いかなと思ったわけです。

小野寺　おそらく歴史研究も思想研究も立場性ということが少なからずある点は共通しているけれど、思想研究者のほうがより強く打ち出しているように歴史研究者からは見える、ということかと思います。その点、どうなのかお聞かせいただきたいです。

百木　そもそも思想研究は何のためにやるのか、という根本的な問いと関わるところで、答え方が難しいですね。たとえば、アーレントはこういう環境で生まれて、こういう時代を生きて、そこからこういうことを考えて、こういうことを言おうとしていた、その思想と生涯から学びうることがあるのではないか、といったことを提示するのが、ひとまず思想史研究だと考えています。それをアーレントの立場性と言えばそのとおりで、あくまである時代を生きた個別の事例を研究しているにすぎないわけです。とはいえ、その特殊から普遍へとつながる何かを取り出すこともできるのではないか、という目論見でこういう研究をやっているところがあります。

東浩紀さんが人文学の役割について、こういうふうに説明されていました（「人文学と反復不可能性」『現代思想』二〇一六年一月号、青土社）。科学、とりわけ自然科学が明らかにしようとする真理（自然の法則）は、何度実験しても同じことが起きるという再現可能性によって担保される。社会科学も基本的に同じで、ただ対象が社会なのであまりに偶然的な要素が多く、再現可能性は限定されるのだけれど、予測性を高めることが社会科学の役割としてある。それに対して人文学は、人間、あるいは人間が生み出したものを研究対象としていて、それぞれの思想家や、アイヒマンもそうですけれど、個別の特殊な例を扱うので、同じことがもう一回起きるなんて基本的にありえないわけですよね。ですから、アーレント個別、アイヒマン個別の研究になってしまうところは、どうしても避けられない。

人間は一人ひとり別々に生まれてくるし、別々の人生をたどるし、生きている時代の状況も異なる。だから必ず違うことが起きる。そうだけれども、それぞれの人生や思想や作品について考えるところから何かしらヒントを得たり、教訓を得たりすることもしばしばあるんじゃないか。あくまで個別の特殊な事例から、普遍性に通じる何かを取り出すこともできるのではないか。私もおおむねそういうスタンスで思想研究・人文学をやっているところがあります。

小野寺　百木さんが言われたことの九〇パーセントは歴史学も同じです。ただ取り出すときに、歴史研究者から見ると思想研究の方々はわりと大胆にやっていて、われわれはかなり慎重にやらざるをえない、という違いかなと思いました。

百木　私は思想史研究のなかでも、そういうことをかなりうかつにやってしまうタイプだとは自覚しています。

小野寺　香月さんは文学ですが、これまでの話を聞いて感じられたことがあればぜひお聞きしたいのですが。

香月　文学をやっていると、どうしてもアイヒマン個人に注目してしまいますね。アイヒマンはとても功名心が強くて、歴史に参画したかったんだと思います。三浦さんが、アイヒマンについて研究して大著を物したシュタングネトのほうがアイヒマンの罠にはまったのではないか、と書いておられたんですが、まさにそのとおりだと思います。アイヒマンという人物を深く知りたいと思って、生育史を調べたり、精神鑑定書を読んだりすることは、アイヒマンからすると、願ったりかなったりのことではないでしょうか。

ですから、こういうことが繰り返されないためにはどうしたらいいのか、と考えることが重要で、百木さんが言われたように、個別から普遍へということですけれども、彼のような人物が生まれる土壌は何なのか、あの時代のドイツやオーストリアの空気みたいなものを研究して、今後に活かすことが大切だと思うんです。また、今後こういうことが起こらないように研究しているんだとずっと自分に言い聞かせないと、アイヒマンという人物の罠にはまってしまうような気がします。彼がそれに値する人間がどうかはわかりませんが、人間というものに興味をもってしまうのは、文学研究者の悪いところでもありますね。

矢野　シュタングネトのほうがアイヒマンの罠にはまったのではないか、という三浦さんのご指摘には私も思わず苦笑してしまったのですが、本物の唯一のアイヒマンが存在しないだけでなく、そもそも多くの人びとが彼に似ていて、恐ろしくノーマルであることこそが厄介な問題なのだ、という議論は、個別の事例から普遍的なものに向かう、哲学の基本的な姿勢をよく表しているように思います。

小野寺　三浦さん、いかがでしょうか。

三浦　哲学は人間を見るよりも個々の思想や概念同士の関係を見る、という側面が強いように思います。それは歴史学が個々の事実同士の関係を見ていくことと同様なのでしょうけれど。

「私は理解したい」というのがアーレントの口癖だったのですが、哲学をやっている人間は、世界や自分を見る新たな眼差しや枠組みを探しているところがあって、そこがたぶん歴史研究者から見るとちょっと抽象的で、現実離れしているように見えるところがあるんでしょうね。逆に言うと、アーレントがヒルバーグの『ヨーロッパ・ユダヤ人の絶滅』に対して手厳しいのも、歴史学は「事実の報告」のみに徹していて、そこから普遍的に言える何かを探し出そうとしていないと思ったからかもしれません。

小野寺　事前の打ち合わせで言ったことなのですが、歴史と思想は微妙な関係だなと、あらためて思います。こうやって公的な場で正面から思想の方と議論するのは、私は実は初めてなんです。なぜなのかなと考えると、歴史研究者も思想関係の本はいろいろ読むんですが、だいたいヒントをもらうために読んでいる。そういう考え方があるのかとか、そういう切り口があるのかというふうにヒントを借用するために読んでいるんだけれども、そこに書かれていることをそのまま利用することはほとんどない。ですから、歴史と思想は普段は敬して遠ざかっていると思うんです。

この『エルサレムのアイヒマン』は、歴史と思想が不用意に近づいてしまった例なのかなという気がしています。普段は歴史と思想は互いに敬して遠ざかっているわけですが、具体的なアイヒマンという人間を分析することを、裁判という場で、彼にどういう責任があるのかという、思想にとっても歴史学にとっても切実な問題を扱ってしまったために、そこで〈悪の凡庸さ〉などと言われてしまうと、歴史研究者としてはいろいろと言わざるをえないところがある。とはいえ、アーレントのおかげでわれわれはこうして対話することができたとも言えるので、必ずしも不幸なことではないのですが、やはりどうしても考えの違いが明らかになる。『エルサレムのアイヒマン』は、歴史学寄りと言うかジャーナリズム寄りと言うか、ともかく思想研究を超える射程をもっているので、やや特殊な性格の本なのかもしれませんね。

2　アイヒマンの主体性をどう見るか

小野寺　パート2では、アイヒマンの「主体性」の問題を考えていきたいと思います。これは歴史研究者の側が注目しているだけで、思想研究ではあまり問題と考えられていないのかもしれません。ナチズム研究では一九九〇年代以降、賛同にもとづく独裁、あるいは同意の独裁という議論が基本になっていて、人びとがナチ・イデオロギーの一部を積極的に受け入れたり、受け入れないとしても黙認したり、同意したりすることによって、政権運営が可能になっていたという理解が一般的な流れになってきています。

アイヒマンがどういう形であれナチ・イデオロギーを内面化していたというのも、そういう広い意味での積極的な加担と言えます。もちろん、パート1でも述べたように、すでに一九七〇年代から、幹部のエリートたちはナチ・イデオロギーを積極的に受容していたという機能派の議論もありました。とはいえ、一九九〇年代以降はより明確に、ナチ体制は賛同にもとづき、人びとに幅広く受け入れられたからこそ可能になったのだという議論が展開されるようになっています。

なぜ主体性について論じなければならないかと言うと、それは「責任」という大きな問題があるからです。パート3で議論することになると思いますが、〈悪の凡庸さ〉の通俗バージョンのように、ただ歯車として巻き込まれたとか、当時の時代の空気がそうだったから悪に加担したのだと言ってしまうと、結局のところ責任という話が雲散霧消してしまうんですよね。一九九〇年代以降のナチズム研究では、責任の問題をどう考えるかが大きな裏テーマとしてあって、普通の人びとに責任を求めるのは酷なことのようにも思えますが、そういう普通の人びとが少なからず悪に加担してしまったことの意味は何かと問うことの裏には、そうした問題があります。

そこから出てくる問題が、アイヒマンの主体性、そして彼の責任をどう理解するかということです。百木さんの論考（第Ⅰ部4）では、歯車理論という〈悪の凡庸さ〉の理解が間違っているとはっきり主張されていて、歴史研究者としてもすごくありがたいと思いますし、シュタングネトの本によって、アイヒマンの主体的な関与が誤解の余地なく明らかにされたこともとても大事だと思うんですね。ですので、やはりどうしても私にはイデオロギーの問題が重要に思えてなりません。

パート1の議論と重なるかもしれませんが、百木さんが言われるように、アイヒマンにとってイデオロギーは受け売りで、ただ浅薄な人間にすぎなかったとすると、彼の主体性はどこにあったということになるのでしょうか。百木さんは以前、「労働者アイヒマン――アーレント『イェルサレムのアイヒマン』再考」のなかで、アイヒマンが仕事に生きがいを感じる労働者だったといったことを書かれていたと思います。そこでまずアイヒマンの主体性に関して、〈悪の凡庸さ〉という言葉でそれをどこまで捉えられるのかという点についてのお考えをうかがいたいのですが。

百木　「労働者アイヒマン」はいまとなっては反省するところも多い論文なので取り上げていただくのが恥ずかしいのですが……。直接的なお答えになっていないかもしれませんけれど、アーレントはアイヒマンを「怪物（モンスター）」よりも「道化（クラウン）」として捉えるべきだと強調していますね。基本的に彼は自分の頭で考えて自分の意志で行動している。いろいろな計画を立て、各所と調整を重ね、それを実行する。その時々でコミットしている思想みたいなものもある。だからまず前提として、アイヒマンは歯車的な存在では全然ないし、単なる命令受領者でもないという点は、アーレント研究者としても共有しています。

ただ、彼は主体的に動いてはいるんだけれど、それがつねにズレているというのが、おそらくアーレントが見ていた重要なポイントだと思います。たとえば、アイヒマンはユダヤ人の国外移住計画について、それはユダヤ人を助けるためだった、自分はシオニストと立場は同じなんだというようなことを言っているのですが、これは噴飯物の発言ですね。実際には、それはユダヤ人たちの意志を汲むものでは全然なくて、非常にひどいやり方で強制的に移住させているにすぎないので、それをとうていシオニズムなどと呼ぶことはできません。また、『エルサレム〈以前〉のアイヒマン』で大変興味深かったサッセン・インタヴューのくだりでも、サッセンたちはナチスがユダヤ人を六〇〇万人も殺していないことを証明したくてアイヒマンを呼んだのに、彼は逆に、いや六〇〇万人は殺したし、なんだったら自分はもっと殺したかったんだ、などと言ってしまう。

アイヒマン自身が主体的に動いていることと、周囲にその行為がどのように見えているかということがつねにズレている。そのギャップに独特の滑稽さがあるというのが、アーレントが注目した点でした。ですから、主体性というのもそういう意味で捉えるべきで、アイヒマンが確信的な反ユダヤ主義者で、イデオロギーを着々と遂行するために主体的に動いていたと捉えると、実態を取り違えてしまうのではないか、というのが私の印象です。

小野寺　私が大事だと思っているのは、序でも書いた「忖度」の問題です。忖度というのは、お上が求めていることを自分で汲み取って具体策を提案し、それがうまくいくと出世につながるというものですが、ナチスもヒトラー一人がすべてを命令して動く体制ではなくて、多くの官僚たちがヒトラーの意向を忖度して動いていました。それが主体性の名に値するかどうかは別として、官僚たち自身が主体的に選んだ行動です。もちろん、おおもとのイニシアティブはトップから発しているのですが、彼らが競い合うなかで反ユダヤ主義はエスカレートしていったと考えられます。

百木さんは滑稽さということを言われましたが、アイヒマンは、たとえばユダヤ人の移送を担当する部課の課長として有効に機能した部分があります。だとすると、アーレントがそういう滑稽さに注目したのは、本人の主体性を否定するわけではないけれど、それが焦点ではないということなのでしょうか。

〈悪の凡庸さ〉の概念については、忖度のような意味での主体性、まさに森友学園の問題で指摘されたような点のほうが、現代社会の官僚制を捉えるにははるかに重要で、むしろ何も考えないで言われるままにやっていますという——そう社会が誤解したのがいけないのですが——見方よりは、忖度というある種の主体性を認めた形での理解のほうが、いまの社会を理解するうえでも、当時の社会を理解するうえでも適切ではないかと、歴史研究者としては思うわけです。百木さんとしては、そこに注目する必要はあまりないと考えているのでしょうか。

百木　最新の歴史研究が、ナチスの組織も忖度的なものによって動いていたという結論に達しつつあるのはすごくおもしろいですね。忖度って非常に日本的なものかと思っていたら、当時のドイツも同じような仕組みで動いていたということですよね。だとすると、丸山眞男的な議論に通じるものもありそうで、関心が湧くところです。

実際にアーレントも『エルサレムのアイヒマン』第八章で、アイヒマンはカントの定言命法を曲解して総統の意志を自らの意志と一致させるように行動していた、という分析をしていますね。しかし、そういう忖度に沿った行動を主体性と呼ぶことができるんでしょうか。ナチズム研究では、それを主体性と呼んでいるのですか。

小野寺　いいえ、主体性と呼ぶべきかどうかは検討すべきところで、主体性とは明確な自律した意志や動機にもとづくものであるべきだという規範的な定義があるのだとすると、主体性とは呼べないのかもしれません。けれども、少なくともエージェンシー（行為主体性）ではあると思うんですよね。官僚たちは組織のなかで、権限などの制約を受けつつも、自分の使えるリソースを使って力を発揮して出世していくのですから、エージェンシーとは言えるだろうと思うんです。

百木　森友学園の問題で言うと、佐川局長に主体性があったのかという問題です。彼が首相周辺の意を汲んで、自分で動いたという意味においては主体性かもしれません。でも自分がやりたくてやったというよりは、あくまで上の意を汲んでやっているわけですから、そういう意味では主体性がないとも言えます。忖度を主体性という言葉で捉えること自体が、難しいのではないでしょうか。アイヒマンに主体性があると言えばあるし、ないと言えばない。なんとも答えづらいというのが、正直なところです。ナチズム研究では、どういう見解になっているのでしょうか。

小野寺 これは私の個人的な意見ですが、世の中で一〇〇パーセント主体性を発揮できる人間なんて、たぶんいないと思うんです。誰もがみんな何かしらの制約を受けているし、それは国家のトップでもそうで、アイヒマンのような幹部はとりわけそうです。そうであっても、何もできないわけじゃないですよね。出世したいと思えばどうやっていくのか、可能な選択肢のなかから拾い上げていく行為をエージェンシーと呼んでいいし、エージェンシーがあったからこそ、ナチ体制はあれほどの破壊力を発揮したのだということは確実に言えるだろうと思います。

百木 エージェンシーというキーワードが使われているのは興味深いですね。勉強になります。ただ、忖度というキーワードがナチズム研究から出てくるのは非常におもしろいのですが、同時にやはり、主体性という言葉では捉えにくいような気がします。

小野寺 ありがとうございます。三浦さん、この点についていかがでしょうか。

三浦 私もこのアイヒマンの主体性をどう見るかという問題の設定自体が、実はよくつかめていないんです。もしかしたら、それは違うと言われるかもしれないのですが、仮にアイヒマンがいなくてもホロコーストは生じただろうし、移送を担当していたときの彼はほかの人物と置き換え可能だっただろうと思うんです。裁判での発言やサッセン・インタヴューを例にして、アイヒマンを道化として理解すべきだというアーレントの見解を百木さんが紹介していましたが、そういう独特な、この人でなかったらこうはならなかったよね、という戦前と戦後のコントラストを私自身はおもしろいと思っていて、別の人物だったらあの裁判はああいうふうにはならなかったでしょうし、そこにアイヒマン独特のユニークさが出ているというのが、私の見方です。それを主体性と言うのかどうかは、わからないですけれど……。

小野寺　三浦さんにとっても、主体性やエージェンシーという観点からアイヒマンを捉えるのは、ピンとこない感じですか。

三浦　そうですね。それによって何が浮かび上がってくるのかがまだつかめないと言うか、これまでの勉強のなかで主体性という問題が——もちろん言葉としては知っていますが——論じられた場面にあまり出くわしていないように思います。もしかしたら、私の専門分野の特性によるものなのかもしれませんが……。

田野　ちょっといいですか。いまの主体性というのは、アーレント研究の側からはあまり出てこない問題と言うか、むしろアーレントの概念が誤解されて、歯車理論として一般化されている現状があって、それとの対比で出てくる問題なのではないでしょうか。

百木　なるほど。まったく何の意志ももたずに、ただ命令どおりに動いていた小役人だったというイメージに対するアンチテーゼ、アイヒマンは主体的に動いていたという反論として出てきているということですね。それに関してはやはり、アイヒマン自身は主体的に動いているんだけれど、本人の意図と実態がつねにズレていて、道化的なんだという点を強調したいところです。

田野　この議論の展開にとって役立つかどうかわかりませんが、ちょっと感じたことをお話ししたいと思います。まず、百木さんもアイヒマン個人を見るだけではなくて、ほかの人にも当てはまるような普遍的な方向に向けて議論を開いていく必要性を感じていらっしゃることは、よくわかりました。ただ、そのときに一つはアイヒマン個人、そのパーソナリティをわれわれがどう捉えるのか、という問題があると思います。

百木さんの論考で提示されたアイヒマン像は一貫していて説得力がある一方で、歴史研究者が抱くアイヒマン像とはだいぶ違う面もあるんですね。今年、日本で公開された『ヒトラーのための虐殺会議』（二〇二二年製作）というヴァンゼー会議を描いた映画がありますが、そこに出てくるアイヒマンは今日で言うコンサルでバリバリ働いている人間という感じなんですよ。会議の出席者の一人からは、「君みたいな優秀な人がうちにもいると助かるんだけどな」というようなことを言われたりしています。このように、歴史研究者の間ではアイヒマンと言えば有能なマネージャーという見方が広まっていて、やることがズレているとか、浅薄だとかいう見方は前面には出てきません。彼の残した発言などを挙げて浅薄だと批判することはあるかもしれませんが、全体としてはとても優秀で、彼なしにはホロコーストは成り立たなかったぐらいの存在です。ですから、アイヒマンが道化的でやることがズレている、あるいは功名心だけが強くて空回りしているという見方は、歴史研究者からすると実態に合わないのではないかと感じるのが、まず一つあります。

もう一つは、浅薄だとかズレているといった方向でアイヒマンを理解したときに、ほかの人にも当てはめて普遍化できるのか、という点も気になります。そうではなくて、小野寺さんが指摘した忖度のように、ある程度の主体性をもって動くのが官僚だという見方であれば、アイヒマン個人に限らず、ある程度は一般化して現代の官僚制の特徴としても論じることができるのではないか、と思います。現代人の典型を表しているのがアイヒマンだ、といった議論に発展させられる可能性がある、ということですね。個別性と普遍性の架橋という点で、いまのところ思いつくほぼ唯一の可能性が忖度というところではないかというのが、小野寺さんが言いたいことだと思います。

ただ、この点は歴史研究者によって見方が違いますし、同じ研究者でも場合によって微妙に異なる見方を提示することもあります。たとえばクリストファー・ブラウニングがそうですし、私も『ファシズムの教室』（大月書店、二〇二〇年）のなかでそう書いていますが、アーレントの〈悪の凡庸さ〉の議論はほかの官僚たちには当てはまるけれども、アイヒマンには当てはまらない、という言い方をするときは、アイヒマンを官僚一般から切り離して考えています。他方で、アイヒマンも含めた形で普遍化・一般化を考えたいという気持ちもあるので、それをどう説明するのかということも考えようとします。アイヒマンを排除した形で普遍化したほうがいいのか、彼も含めた形で普遍化したほうがいいのか。後者の場合は、アイヒマンの実像から離れてしまう危険性もあるので、非常に難しいところです。

『ヒトラーのための虐殺会議』では、アイヒマンはユダヤ人の絶滅に逡巡するそぶりも見せない、ものすごく仕事ができる有能な人物として描かれているのですが、そういう人物はわれわれ一般人とはやはり違うと見るべきではないか、という衝動にも駆られる。そこが難しいところですけれど。

三浦　確認ですが、百木さんが空回りとかズレていると言う場合ですが、それは私が先ほど触れた戦後のアイヒマンだけでなく、戦前のアイヒマンについてもそういうふうに捉えているのですか。

百木　そうですね。私はそう捉えています。

三浦　アーレントもシュタングネトもそこは見解が分かれていなくて、組織能力や実務能力があったという点では一致しているんじゃないですかね。

百木　それはそうだと思います。ただ、彼が組織能力や実務能力があるということと、彼の意図や行動がズレていることは何ら矛盾しないんじゃないですか。彼の道化的なふるまいは組織的な優秀さにはむしろプラスに働いていて、それがどんどん出世を果たしていくことにつながっていったと。

香月　門外漢なのでよくわからないのですが、主体性という言葉はどういう意味で使っているのでしょうか。言葉の使い方に違和感を覚えるのですが、悪事に加担するのも主体性と言えるかどうか、ということです。

第Ⅰ部の論考でも書きましたが、アイヒマン裁判を傍聴していたムリシュというオランダの作家が、アイヒマンは大変能弁かつ有能であって、検事長のギデオン・ハウスナーよりも弁舌が巧みであったと言っています。ムリシュは、もしシュヴァイツァーがドイツ首相だったらアイヒマンは彼にもよく仕えたと思うか、とレスに聞くのですが、レスは、アイヒマンの組織力は犯罪との関連においてのみ発揮されるものだ、と即答しているんです。

田野さんの論考（第Ⅰ部2）に、反ユダヤ主義というものが別の動機からユダヤ人迫害に加担した人びとに免罪符を与えた面があるという指摘がありましたが、この反ユダヤ主義という時代の思潮や親衛隊のなかでの仕事が言い訳となって、アイヒマンの犯罪的資質を発揮させたと思います。それを組織力とか主体性とか能力と言えるのか、という点が、シュタングネトの本を翻訳しているときから気になっていたことです。俗な言葉で言うと、いじめっ子的メンタリティをもった人間に格好の養分を与えてしまう土壌があったのではないか、と感じたんです。

田野　確認ですが、香月さんが主体性という言葉に違和感を覚えたというのは、とくにどの辺なんでしょうか。もしかして、主体性という言葉がポジティブな意味で捉えられているということですか。

香月　一般的には、積極的な意味で使われていると思ったのですが……。

田野　いえ、必ずしもそうではなくて、小野寺さんが説明していたように、彼らの責任を問うためには、彼らが主体的に動いている、つまり誰かに強制されてそうしているだけではないということを明らかにする必要上、主体性と言っているので、主体性という言葉自体にプラスの価値を置いているわけではないと思います。

香月　歯車じゃないということですね。

小野寺　歯車じゃないと言い切るのは、言い過ぎかもしれないですね。歯車の部分もあるけれど、それに尽きるものでもないので、エージェンシーという言葉を使うわけですが、主体性の残余のようなものはあって、よりマシなものを選択する能力、そういうエージェンシーはあるんじゃないか、ということなのだと思います。

矢野　このエージェンシーの議論は興味深いですね。百木さんの論考で、森川輝一さんが書かれたアイヒマンと労働の問題に言及されています。労働者に「サラリーマン」とルビを振っているわけですけれども——それがサラリーマンか官僚かについてはおいておくとして——、ナチズム研究で労働というものがどのように捉えられているのかという問題に結びつけると、得るものが大きいのではないかと思います。『人間の条件』でアーレントは、人びとがともに生きる世界からの疎外、世界疎外を推し進める近代の労働観について述べていますが、そこでは「プロセス」そのものが絶対的になっていくということが、深刻な問題として考察の対象になっています。ヘーゲルからマルクスにいたる思考の一つの形としての主観性の疎外論とは違う意味で、疎外、それも世界疎外ということをことさらに強調するんですね。つまりアーレントによれば、そこで疎外されるのは人間ではなく、複数の人びとが共存しているという現実です。労働における欲望や生命の発露のようなものは、むしろその「プロセス」に関わっていきます。アイヒマンの働く喜びというか、こうした形で組織のプロセスに関わるという労働のあり方、歯車かもしれないし「主体性の残余」かもしれませんが、それらがナチ・イデオロギーのなかでエネルギーを発揮し、強力なプロセスとして歴史を動かしてしまったという見方もできるかもしれません。

百木　矢野さんのご指摘のとおり、本書に収録された論考についても、「労働者アイヒマン」についても、元ネタは森川輝一さんのアイヒマン論（『〈始まり〉のアーレント』第四章）です。アイヒマンを〈労働する動物〉として捉え、「働く喜び（Arbeitsfreude）」が彼を駆動させていたという視点を提示している。私はそこに「浅薄さ」という観点から考察を付け加えてみたのですが、ナチズム研究において労働がどのように捉えられているのかという問題は私もとても関心があります。その点、ぜひ専門家の方の見解をうかがいたいですね。

小野寺　森川さんの本は非常におもしろく読みました。「人間が全体としての過程を継続させるために一定の「行動」の反復を強いられる行為」として「労働」を定義する点にも、ハッとさせられます。他人との関わりを失った人間が思考を停止してしまい、労働に没頭することで「安楽さ」を得ようとするという議論に、私も違和感はありません。

ただそうなると、このパートの冒頭でも触れましたが、アイヒマンの責任とは何なのかという問題がどこかにいってしまうような気もしています。森川さんも書かれていますが、結局その労働がどんな種類のもので、何のために自分は働いているのかというところが重要なわけですよね。アイヒマンの場合は、それが最終的にはユダヤ人を絶滅収容所へ移送するという「労働」だった。その結果、何百万人ものユダヤ人が命を失ったわけで、しかもシュタングネトが書いているように、自分が何をしているのかということにアイヒマンは十分自覚的だった。そうすると、アイヒマンの責任は結局どうなるのかということを、考えざるをえなくなります。責任という概念を使ったこういう問いの立て方は、アーレント研究者からすると突飛すぎるのでしょうか。ぜひお聞きしたいところです。

三浦　いや、そんなことは全然ないと思いますが……。

百木　責任というのはアーレント研究のなかでもすごく重要な概念ですし、アーレント自身も論じています。『エルサレムのアイヒマン』の発表以降、いろいろな講義で責任の問題をアイヒマンに絡めて論じていて、それは『責任と判断』という論集にまとまっています。ただそこで、責任を主体性というキーワードで考えてよいのか、という問題はあります。これは國分功一郎さんが近年展開している中動態の議論

（『中動態の世界——意志と責任の考古学』医学書院、二〇一七年）とも関わりますが、本人が意図してやった、自分の主体性をもって意識的にそれをやったのだから、それによって責任を負うのは当然だという論法でこの問題を切っていいのかという点は、いま哲学や思想の分野で大きな議論になっています。責任問題が重要なのはアーレントにとっても間違いないのですが、主体性という言葉で問題を立てていいのかについては議論の余地があるところではないですかね。

三浦　アイヒマンにしても、システムに巻き込まれている面がありますからね。

百木　やはりこれは、構造とエージェンシーの関係をどのように考えるのかという問題と通じてくるんじゃないでしょうか。

小野寺　私も中動態の議論がちゃんとわかっているわけではないのですが、それをホロコーストの議論に接合するのはちょっと難しいような気がしています。ホロコーストでは具体的な被害者がいるわけです。そこで加害者に責任がないということを言うためには、行動可能性が限りなくゼロに近かったということを明らかにしなければならない。行動の選択が一〇〇パーセント自由だった人などほとんどいないので、限られた選択肢のなかでどういう行動をとったのかということが責任の問題につながってくるわけです。責任を問うときに、主体性という表現が適切でないならば、「行動可能性」という言葉に置き換えてもいいと思いますが、アイヒマンのような幹部に行動可能性がなかったということにはならないはずです。多くのナチズム研究者は、基本的な認識としてこの点を共有しているからこそ、こうした研究をしているんだろうと思います。

田野　いまの点を補足すると、近年のナチズム研究やホロコースト研究では、一九五〇〜一九六〇年代の、それこそアーレントもその一翼を担ったところの全体主義論的な——強固なピラミッド型の組織があって、そこに誰もが巻き込まれてロボットのように従い、戦争とホロコーストに突き進んだという——見方は、かなりの程度まで克服されています。その代表例がブラウニングの研究（『増補　普通の人びと——ホロコーストと第101警察予備大隊』ちくま学芸文庫、二〇一九年）なのですが、どんな組織にもそのメンバーには一般に思われている以上に自由裁量があった、そういうものが組織なんだという見方が提示されていて、いま研究が進んでいるところです。われわれ歴史研究者は、人びとがシステムに受動的に巻き込まれていることを前提としてホロコーストのことを見ているわけではなくて、とくにアイヒマンのような幹部クラスだったら、積極的に動いているのは当たり前だという見方のほうが強いですね。

ですから、主体性という言葉に語弊があるようなら、自由裁量の余地や行動可能性という言い方でもいいんですが、人間はそう単純にロボットのように動いているわけではないし、そういう見方は人間観として非常に狭いと思うんです。これはパート3で議論する一般的なアイヒマン像、〈悪の凡庸さ〉概念の誤解を問うところでも問題になるでしょうけれど……。

三浦　このあたりについては門外漢なのですが、私の理解では、アイヒマンも関わっていたホロコーストというのは、ユダヤ人をどこかへ移送しなければならないとマダガスカル計画やニスコ計画が立てられる一方で、ポーランドなど侵略を進めた先の東欧地域にも大量のユダヤ人がいて、抱え込んだユダヤ人をどうしようとなったときに、まずはどこかに集めようということでゲットーに集めて、それでも収拾がつかなくなって最終的に殺戮にいたった、いわばなし崩し的に進んだというものなのですが、その理解はもう古いのでしょうか。

田野　いえ、それは大筋では間違っていません。

三浦　だとすると、そのときに誰に責任があるかという問題の立て方がしっくりこないんです。もちろん関わった人間はニュルンベルクで裁かれているのですが、システムのなかで集団によってなし崩し的にホロコーストというとんでもない悪が生じたと理解するのであれば、責任の問題はどうなるのでしょうか。悪魔的な誰かが率先してホロコーストを引き起こしたというより、さまざまな諸事情が絡まり合って起きた。それをヤスパースは、伝染病という意味を込めて「バクテリア」と名指ししたのでしょう。結局、個々の人間はそれほど強烈なモンスターではないんだけれど、それらがさまざまな連鎖反応を引き起こすことによってホロコーストという根源悪へとつながっていった、というような理解なんです。ですので、田野さんや小野寺さんが言われている主体性や責任という問題は、自分のなかにうまく入ってこないんです。

小野寺　ホロコースト研究には「累積的急進化」という説明図式があって、あれが行き詰まってこれが行き詰まって、もうどうしようもなくなった結果、ホロコーストが生じたという説明が一九八〇年代までは非常に有力でした。これが一九九〇年代に批判されたのはまさにその点で、雪だるま式にどんどん大きくなって誰も止められない、後はみんな飲み込まれていくだけだという、運命論的な説明になっていた。ウルリヒ・ヘルベルトという研究者に言わせれば、「参加した人間諸個人のいない、そもそも犯人のいない自動機構」のような説明になってしまった。要するに、実際にどの指揮官がどういう判断をしてどういうふうに人を殺していったのかという、「現場」の視点が完全に抜け落ちていた。そのため一九九〇年代以降に、現場で指揮官たちがホロコーストをどのように実行していったのかという――ブラウニングの研究はまさにそうですけれど――見方、必ずしも誰もが仕方ないと思って同じように動いていたわけではなく、もっと人間の個別的な判断や実践の積み重ねとしてホロコーストを見ていくという流れになってきているんです。

ただ私は、累積的急進化という議論が一〇〇パーセント間違っているとは思っていなくて、そういう状況もあったと思っています。けれども、たとえばユダヤ人の食料がないというときに、食料を供給してあげようといった話には絶対にならないんです。つまり、引き返そうという議論には絶対にならないわけです。むしろ、いろいろな人がさらにユダヤ人に圧力を加える方向で、より過激な提案をしていく。もちろんそれは、上司が自分のたちの提案を受け入れてくれるだろう、喜んでくれるだろうと考えているからでもあって、そういう意味でまさに「忖度」とも言えるんですが。

ですので、一九九〇年代以降、緻密に現場を見ていくことによって、累積的急進化論のシステマティックというか運命論的な説明を一〇〇パーセントではないにしろ、かなりの程度まで脱構築してきたのが歴史研究なのだと思っています。田野さん、以上の説明でいいでしょうか。

田野　私は、累積的急進化は全体としてはあると思っているので、ちょっと立場は違います。現場の人たちがそれぞれ与えられた条件のなかで自律的に判断をして、それが一種意図せざる結果を生んでしまう面もあって、どんどんと悲惨な状況につながっていったと見ています。他方で、ナチ党指導部が考えていたことが単に現場に押しつけられただけという見方ではホロコーストは説明できないというのは、いま小野寺さんが言われたとおりで、私もそう考えています。

　もちろん、ナチ党指導部には現場にこういうふうにやらせたいという方針があって、たとえばユダヤ人の移送計画では、この地域にこれだけのユダヤ人を移送したいと考えて指令を出すわけですが、現場は現場でこの状況では指令に従えない、そんなに多くのユダヤ人を受け入れることはできないと拒否することもありました。現場が中央の指令に従わずに、たとえば勝手にユダヤ人の殺戮を始めた結果、それが中央の意思決定に逆作用して、もっと過激な措置を導入してもいいのではないかという判断につながっていった事例も確認されています。ですから、現場と中央の相互作用ということを考慮に入れると、最初の問題に戻りますが、忖度という要因を考慮に入れないと説明できない事態がかなりあると考えています。

三浦　現場という点では、映画『シンドラーのリスト』（一九九三年製作）で描かれた強制収容所の所長が、誰でもいいから囚人をピストルで撃つような人物でしたね。その点では、アイヒマンは彼自身も言っていたとおり、実際には誰一人殺していないわけですよね。

田野　『シンドラーのリスト』のあの残虐な収容所長はアーモン・ゲートという人物ですが、完全な異常者といった存在なので、現場の人間の代表例とするにはあまり妥当ではないと思います。むしろわれわれと変わらない、人間の心を失っていないような人も現場にはたくさんいて、そういう人間のほうが一般的です。けれども結局のところ、そうした人間がさまざまな動機から主体的に判断して行ったことが、ユダヤ人の大量殺戮を可能にしてしまったわけです。

小野寺　そういう点で、いま日本語で一番読みやすいのは、ギッタ・セレニーの『人間の暗闇――ナチ絶滅収容所長との対話』（岩波書店、二〇〇五年）だと思います。ぜひお読みいただきたいんですが、フランツ・シュタングルというソビブルとトレブリンカの絶滅収容所の所長を務めた人物へのインタヴューで、彼も戦争が終わった後、アイヒマンと同じように南米に逃亡します。ブラジルで逮捕されて西ドイツに引き渡され、裁判にかけられます。獄中でインタヴューを受けるんですが、最初は仕方がなかったとか、自分が辞めても代わりが来るとか言うんですね。ところがしつこく話を聞かれるうちに、「犯罪者を発見することに関心を抱いていた」とか、「自分の仕事に誇りを持っていた」とか、いろいろと言い出すんですよ。ですから、彼らが自分をシステムの一部だというのは、保身のためのバリアみたいなところがあって、それをわれわれ研究者はそのまま文字通り受け入れてはいけない、ということがわかります。彼らのやりがいを支えていたのは何だったのか、そういうところまで追究しなければいけない、ということを教えてくれるのが、この『人間の暗闇』という本です。

シュタングルも、自分自身ではほとんど人を殺していないんですよ。当時の囚人が、「彼は所長で、ほかの連中のようにサディストじゃなかった。何で、彼が自分の手を汚す必要があるのかね？〔…〕誰かに何かをさせるときには、自分でそれをやる必要はないだろう？　誰かに指示して、指示された人間がやるんだ」と言っていますが、彼自身が残虐な人間である必要はまったくないんです。そういうところで、彼は――仕方なくそうした部分もあるのかもしれませんが――楽しみのようなものを見出していく。ですから、仕方がなかったとか、システムに巻き込まれてといった議論では、説明できないことが多々あるということではないでしょうか。

田野　参考になるかどうかわかりませんが、たとえばソ連の占領地域を管理していたある高官は、われわれでも理解できるような行動をとっているんですね。彼の管轄地域にはドイツ本国からユダヤ人が列車でどんどん送られてきて、ベルリンからは到着したユダヤ人を即刻殺害せよという指令が来るんだけれど、ドイツ語を話すユダヤ人を現地にいるドイツ語を話さないユダヤ人と同じように扱うわけにはいかないと考えて、命令には従えないと拒否します。でもそうすると、ドイツから次々に到着するユダヤ人のために場所をあける必要が出てきて、元からいたユダヤ人に対してはますます残虐な措置をとらざるをえなくなります。そこにはドイツ系ユダヤ人への同情というか、ある種の「人道的」な感情が働いていると言えなくもないのですが、他方でそれは現地のユダヤ人を人間扱いしないという、冷酷な姿勢と表裏一体の関係にあります。そういう現場と中央のぎくしゃくした関係、現地の状況を無視したナチ党指導部の指令と、それには容易に従うことのできない現地の混乱した状況がどうにもならなくなり、ユダヤ人の絶滅を進めるには各省庁と出先機関の間で連携が必要だということになって開かれたのが、あの悪名高いヴァンゼー会議なんです。現場と中央の関係というのは、単に中央が現場に命令を押しつけるというだけではなく、現場のイニシアティブで動いていた面もあって、ホロコーストが実行されていく過程においては、現場と中央の調整が必要な局面が相当にあったというのが、近年の研究で基本的な認識となっているところです。

小野寺　主体性の問題でこんなに盛り上がるとは思っていなかったのですが、われわれ歴史研究者とアーレント研究者の着眼点が違っていた、ということなんでしょうかね。

百木 ちょっと補っておきたいのですが、アーレント自身は、小野寺さんが言われたような理屈で、アイヒマンにはまったく情状酌量の余地はない、と書いています（『エルサレムのアイヒマン』エピローグ）。システムに巻き込まれていたから仕方がなかったんだ、とは言っていない。アイヒマン自身は、自分は歯車だったし、当時の状況では逃れることができなかったと釈明するけれど、アーレントは、政治においてはそんな言い訳はまったく通用しない、あなたは自分の意志でそこにいたのだし、服従することは政治においては支持することと同じだから、あなたにはまったく情状酌量の余地がなく、当然死刑になるべきだとはっきり書いています。アーレント自身は、システムの問題に落とさずに、あくまで個別の問題、アイヒマン個人の問題として落としていたことは確認しておきたいと思います。

三浦 それはちょっとどうですかね……。その言葉はアーレントが『エルサレムのアイヒマン』の「エピローグ」の最後で、判事からアイヒマンへの仮定の呼びかけとして記しているものですが、報告の本論でのアーレントよりもアイヒマンに冷たいというか、厳しいなと思いますが。

百木 三浦さんがアーレントに批判的な見解を述べることはもちろん構わないんですが、それはアーレントの見解とは違うということは確認しておいたほうがいいと思います。

関連して言うと、先ほど言及した國分功一郎さんの中動態の議論というのは、アーレントの意志論を批判する文脈で出てきているものですね。アーレントは個人が主体的な意志にもとづいて行動し、そこに責任が生じると考えているのだけれど、それでは責任の問題は正しく捉えられないのではないか、というのが國分さんの問題提起です。これは三浦さんと近い立場かもしれないのですが、アーレント自身はアイヒマンの責任を個人に帰属させていて、構造やシステムゆえに情状酌量するなど、まったく認めないという立場です。

小野寺　パート2では、主体性と責任をめぐって、かなり本質的な議論が交わされたと思います。田野さんが指摘したように、俗流の〈悪の凡庸さ〉概念では歯車理論のような理解が行われていて、だからこそ歴史研究者はそれに反発して、主体性や行動可能性、エージェンシーといった問題を重視するようになったわけです。そうしたなかで、中動態のような新たな考え方が近年登場していて、思想研究では「責任」というハードな考え方に距離を置く動きが出ている一方、こと責任という点については、アーレントと歴史研究の考え方がかなり近いというのも興味深いところです。

3　社会に蔓延する〈悪の凡庸さ〉の誤用とどう向き合うか

小野寺　パート3は、社会に流布している〈悪の凡庸さ〉がテーマです。というのは、研究者がアーレントの解釈を示しても、結局は歯車理論とか、アイヒマンは何も考えずに命令に従っていただけだという理解が社会では非常に広く定着していて、官僚が何か問題を起こしたりすると、この言葉ですぐに理解した気になるということがあるわけです。香月さんが一所懸命努力してシュタングネトの翻訳を出しても、一般の人たちはなかなか読んでくれないし、われわれがこういう議論をしてもそれが広い層に届くわけでもなく、社会ではそうした通俗的な議論が続いている。こうした状況に対してわれわれはどう対応すべきか、ということを考えていきたいと思います。

まず一つ目の問いは、私たち研究者は「それは間違っていますよ」ときちんと指摘すべきなのか、もしくは社会が必要としているツールとして温かい目で見て、そのまま放置しておいたほうがいいのか、ということです。

そしてもう一つ、どうして〈悪の凡庸さ〉がこんなに一人歩きしてしまったのか。おそらく、社会はこういう言葉を必要としていた、ニーズがあったということではないかと思うのですが、これが二つ目の問いです。

香月　この言葉が一人歩きしてしまったことに関してですが、シュタングネトは〈悪の凡庸さ〉をめぐる誤解はアーレントの説明不足で、哲学者がある概念を一般の人に話すときには気をつけなければならないと言っています。

アーレントは「私は大量の読者に向けて書いたことがまったくないので、何が起きるかわからなかったのです」と言っているのですが、一般の読者、研究者ではない人に向けて書くことを想定していなかったようです。シュタングネトも、「私たち哲学者が自分の思想全体をまず、ある雑誌に発表し、その後注釈なしに一冊の本にまとめるという過ちを行うと、たいていはうまくいかないのです」と言っていて、〈悪の凡庸さ〉は誤解されたのだとアーレントを擁護しています。

小野寺　アーレント研究の側からはいかがでしょうか。まず、百木さんから思うところをお聞かせいただけますか。

百木　難しいところですね。矢野さんのおっしゃる「〈悪の凡庸さ〉の凡庸化」という表現は、まさにそのとおりだと思います。〈悪の凡庸さ〉という言葉自体がクリシェ化していると言ってもいい。それに対して研究者としてどう対応すべきかと言うと、二重の態度になりますね。

まず、〈悪の凡庸さ〉という概念が一般的に「何も考えずに粛々と上の命令をこなすことから引き起こされる悪」という意味で使われてしまうのは、ある程度やむをえないかなと思っているところがあります。その間違いをすべて正すというのも、限界があるのかなと。しかし同時に、アーレントが〈悪の凡庸さ〉という概念でアイヒマンについて言いたかったのはこういう意味だったんだよ、アイヒマンは実際にはこういう人物だったんだよ、といったことに関しては、やはり研究者から積極的に情報を発信していったほうがいいとも考えています。

実際、田野さんがいろいろなメディアでさまざまな形で発言されたことによって、ナチスに関する理解が少しずつ修正されてきている面も間違いなくあるでしょう。すでに映画でもアイヒマン像の描き方が変わってきているという話も興味深いです。ですから、研究者の地道な発信はまったく無意味ではないと思いますし、この本が出ることによっても、〈悪の凡庸さ〉の理解が変わってくることを期待したいですね。

小野寺　三浦さんはいかがでしょうか。

三浦　われわれ研究者がどう対応すべきかという問いはひとまずおいて、もう一つのなぜ〈悪の凡庸さ〉がこれほど一人歩きをしたのかから答えると、アーレントのなかでは〈根源悪〉という概念がまずあって、それとの対比で〈悪の凡庸さ〉という概念を提示したわけですよね。それを一般の読者というか、当時の人びとは全然知らずに、〈悪の凡庸さ〉という新奇な言葉が不意に目に飛び込んできた。アーレントは、そういうキャッチコピーのような言葉を使うのがうまかった人なので、「悪」と「凡庸」をくっつけた効果は一つあるでしょうね。

もう一つは、『エルサレムのアイヒマン』という本が当時のアメリカ社会やユダヤ人コミュニティから、映画『ハンナ・アーレント』（二〇一二年製作）でも描かれていたような非難の嵐を受けることがなかったら、ここまで長く生き残っていなかったのではないかという点です。

アーレントが〈悪の凡庸さ〉という言葉を使ったのはおそらく確信犯的で、ショーレムが「悪の凡庸さという言葉自体が一つの決まり文句なんだ」と手紙で書いたら、「私の知る限り、これまで誰もこの言葉を用いたことはありません」と答えているし、『エルサレムのアイヒマン』の追記で「本書の副題〈悪の凡庸さについての報告〉について、それこそ本物の論争が起こってもよかった」と記しているので、彼女としては着目してもらいたい言葉だったと思います。アーレントはあの本で、エルサレムのアイヒマンだけを描いているのではなくて、なぜホロコーストが起きたのかについて全体像を含めて記述していて、その本文を締めくくる最後の言葉に〈悪の凡庸さ〉をもってきたわけです。その意味では彼女なりの狙いがあったし、それはある程度うまくいった。だけれども、たぶん彼女の予想以上にバッシングが強くて、本人もかなり精神的に危険なところまで追い詰められてしまった。ですから、彼女の狙いどおりになった面と、狙いを外れたところで炎上を引き起こした面とが合わさる形で、〈悪の凡庸さ〉という言葉がここまで生き残っているように思います。

そのことに対して、われわれ研究者が「ちゃんとアーレントの文章を読んでください、シュタングネトの本も読んでください」と言っても、一般の人には荷が重い気がします。われわれだって解釈をしているわけで、これが絶対正しいんだという読み方はないわけでしょうし……。

小野寺　矢野さん、いかがでしょうか。

矢野　百木さんと三浦さんのご指摘に賛成です。〈悪の凡庸さ〉はすでに流通している表現ですし、その使われ方に細かく目くじらを立てても限界があります。あまり意味があるとは思えません。もちろん、アーレントやシュタングネトの仕事を少しでも多くの方が実際に読んでくださることがいいには決まっているのですが……。

ただ〈悪の凡庸さ〉という概念について、直接その言葉が使われていない文章も含めて、アーレントの仕事全体のなかで、その意味を検討していく必要はあるだろうと思います。また、三浦さんが指摘されたように、〈悪の凡庸さ〉という言葉は本文の最後に置かれていて、そのためにそれが全体を要約しているように受け取られている向きもあるのですが、この本の意義は細部にもあって、そこにも目を向けていく必要があると思っています。

小野寺　ありがとうございました。お三方は基本的に、社会で論じられていることについてあれこれ言ってもあまり意味はないというご意見だと思いますが、田野さん、それについていかがでしょうか。

田野　まず、小野寺さんから提起された二つ目の問い、なぜ一般社会でこのような形で〈悪の凡庸さ〉という言葉が流通してしまったのかということなんですが、私自身がますますその思いを強くしているのは、ヴェーバー以来の官僚制批判の枠組みにピタッとはまるような意味で受け取られたからじゃないか、ということです。ヴェーバーは『プロテスタンティズムの倫理と資本主義の精神』で述べているように、官僚制の支配は現代社会の不可避の傾向であって、そこでは精神のない専門人が支配するようになるとして危機感を覚えたわけですが、それに寄せていく形で〈悪の凡庸さ〉概念が歪められて普及しているのではないでしょうか。

ヴェーバーの議論は今日でも力をもっていて、たとえばジグムント・バウマンの官僚制概念も大枠はヴェーバーです。それは簡単に言うと、官僚制というのは非人格的な機構であって、そのなかにいる一人ひとりの官僚は強い信念をもっているわけではなく、政治家が何か意思決定をしたら、どんな内容であれそれを円滑に実現していくマシーンのようなものだ、という見方です。ですから、アーレントの概念を歯車理論のような形で一般に普及させるのに寄与したのではないか、〈悪の凡庸さ〉概念が官僚制批判の文脈で引き合いに出されるのもそのためではないか、と考えています。

われわれ現代人はみな何らかの組織に属していますし、組織に生きるサラリーマンとしての現代人が抱える危険性に警鐘を鳴らすという点では、〈悪の凡庸さ〉概念には大きな意義があるでしょう。この概念は基本的にそういう使われ方をしていますので、その点に何か問題があるとは思いません。ただ他方で、SNS上の発言などを見ていて感じるのは、〈悪の凡庸さ〉という言葉が、一人ひとりは凡庸な人間だから悪くないんだという歴史修正主義的な意味合いを込めて使われるケースが目立つようになっているので、それに対してはきちんと反論しておくべきだと考えています。俗流の〈悪の凡庸さ〉は、ただ上の命令を聞いていたから犯罪に加担してしまったけれど、本人は悪い人間ではなく、家では良き父、良き夫だったというような意味で使われていて、これをそのままにしておくと、歴史修正主義的な動きに養分を与える危険性があります。そうではなくて、一人ひとりの官僚も主体的に考えて行動していて、それには責任が伴うということも言っておかないといけない、と思っています。

アーレント研究をされているお三方は、基本的に世間に流通している「凡庸化した〈悪の凡庸さ〉」概念はそれはそれで仕方がないし、それに対してあれこれ言ってもあまり意味がないというご意見のようですが、そのように突き放していいのかというのは、ちょっと疑問に思うところがあります。私自身はそこまで割り切った態度をとれなくて、諦めずに歪みをきちんと指摘しておかないと、いろいろな弊害を生むのではないかと思っています。

先ほども言いましたが、アーレントは本の最後のところで、あまり詳しく説明しないまま〈悪の凡庸さ〉という言葉を使って、後は読者の評価に委ねたという感じなので、われわれとしてもそれを受け止めて、アーレントの考えからはある程度離れて、その意味することを考えてもいいんじゃないでしょうか。

小野寺　田野さんはいま二つのことを言われましたが、とくに二つ目ですよね。〈悪の凡庸さ〉という言葉がSNSなどで、個々人はけっして悪い人じゃないんだという意味で使われ、しかも、そこそこ名のある人がそう言ったりする現状がある。先ほどの責任の話に戻るのですが、現代社会においては罪とか責任とか主体といったハードな概念が強く忌避される傾向があるように私も感じていまして、誰も悪くないとか、ヒトラーは実は優しい人だったとか、ナチスは良いこともしたといった、ライトな歴史修正主義の傾向が強まっています。過去の人に責任を求めて罪を追及する言説を嫌うというか、人それぞれに正義があるといったような、ある種の価値相対主義が蔓延しているのは、私も肌で感じています。そういうときに〈悪の凡庸さ〉という言葉が今後も利用されていいのかということについては、危惧を覚える面があります。

これも事前の打ち合わせで田野さんから提案があったことですが、みなさんの議論を踏まえると、〈悪の凡庸さ（陳腐さ）〉という概念は非常に誤解を招きやすいので、三浦さんと百木さんの論考（第Ⅰ部3、4）に従って、〈悪の凡庸さ（陳腐さ）〉という言い方はやめて、〈悪の浅薄さ〉という概念に変えてはどうか、とも思います。私はなるほどと思ったのですが、三浦さん、百木さん、これは駄目でしょうか。

百木　駄目だと思います（笑）。新たな概念の提案をすることはもちろん構いません。ただし、だからといって〈悪の凡庸さ〉という概念を使うことは今後やめましょう、という方針は違うんじゃないかと感じますね。アーレントがその概念をどういう意味で、どういう文脈で使ったのかを明らかにしつつ、思想史上の重要概念として残していくべきでしょう。

田野　小野寺さんが私の提案と言われたので確認しておきたいのですが、〈悪の凡庸さ〉という非常に誤解を招きやすい、別の意味で捉えられやすい言い方をしたがゆえに、これだけ世間に広まったわけだけれど、正確な意味で理解してほしいという立場であれば、〈悪の浅薄さ〉と言ったほうが正しく伝わる。ただ〈悪の浅薄さ〉という言い方をしていたとしたら、これだけ多くの人に教訓を与えるほどの影響力を発揮しえなかったのではないか。誤解があったからこそ広がって、多くの人にいろいろとものを考えるヒントを与えた。その点については同じような理解をされているんですよね。

三浦　〈悪の凡庸さ〉はそんなに誤解を招きやすいでしょうか。いや、やはりうまいと思うんですよ、言葉の使い方が。アーレントは文章を書かせるととても長くて難しいんですが、個々の単語の選択、つまりワードセンスは抜群に優れていると思います。

田野　先ほど確信犯的と言われましたが、多くの人に広まることを見越して、こういう言葉の使い方をしたという見方なんですね。

三浦　はい、私はそう見ています。彼女は文筆の修行時代というか、『全体主義の起源』を書く前にはコラムニストのような仕事をしていたので、そこでジャーナリスティックなセンスが磨かれたのだと思います。ですから、アウグスティヌスの「愛」に関する博士論文を書いてそのままどこかの大学に勤めて普通の哲学研究者になっていたら、われわれが知る「ハンナ・アーレント」にはならなかったと思います。

　変な言い方かもしれませんが、〈悪の凡庸さ〉はそもそも深い意味を含んでいる言葉じゃなくて、キャッチフレーズのようなものなんだと思います。〈悪の凡庸さ〉＝アイヒマンというのもちょっと違うし、悪という現象を見るときの一つの側面として「バクテリアのような悪」という意味で用いた言葉です。彼女も〈悪の凡庸さ〉は「理論や教義のようなものではなくて、単なる形容の言葉」だと「思考と道徳の問題」で書いていますからね。しかし深い意味を含んでいないからこそ一人歩きをして流通してしまった。そういう意味で言うと、あの言葉自体がバクテリアのように広まったんじゃないか、と思ったりもします。

小野寺　三浦さんも書かれているように、根源悪という概念が対立概念としてあるわけですよね。であれば、薄っぺらいという意味で、浅薄さのほうが適切ではないでしょうか。それに、アーレントがこの言葉をそれほど深く考えて使っているわけではないのだとしたら、われわれが変えてもいいのではないでしょうか。やはり、いろいろと説明しないと理解できない言葉というのは、もう有効期限が来ていると思うんです。しかし、元の言葉を完全に捨てないのであれば、こういう言い方をすればアーレントの本当の意図が伝わるのではないか、と提案したわけです。

三浦　根源悪という言葉で言うと、そもそもカントが用いた根源悪という概念と、アーレントが使った根源悪とでは、意味内容が全然違っています。カントの根源悪は、人間のうちに性癖のように根ざしている悪のことですが、アーレントはそれを全体主義のとんでもなさを言い表す言葉として字面だけ引っ張ってきたわけです。そのため、哲学研究者のなかには、アーレントはカントの根源悪を勝手に用語だけ使った、と指摘する人もいます。アーレントの〈悪の凡庸さ〉がいま一般の人びとの間で元の言葉と違う意味で使われているのも、同じようなものだと私は思います。

そもそも、ラディカル（根源）の反対がシャロー（浅薄）なんですかね。バナール（凡庸）も対としてはちょっと違うような気もしますけれど……。「根がない」という意味合いで、「ありふれていて、つまらない」という意味のバナールを、ヤスパースのかつての示唆のもと使ったように私は思いますが……。

百木　補足しておくと、〈悪の凡庸さ〉という言葉が流通していることについて、それは仕方がないから放置しておけばいい、研究者が何を言っても意味がないから諦めましょう、と言いたかったわけではありません。研究者として、アーレントがどういう意味で〈悪の凡庸さ〉という言葉を使ったのか、なぜ彼女がアイヒマンを形容する際にその語を用いたのかを説明し、発信していくことはもちろん重要だという考えです。浸透するのに時間がかかっても、その地道な努力を怠るべきではないでしょう。

ただ一方で、哲学や思想の概念が世間的に受容される際に、ある程度の通俗化や単純化が行われるのは避けがたいのだろう、と現実的に受け止めているところもあるということです。たとえば、マキャヴェリの君主論にしても、マルクスの唯物史観にしても、少なからず単純化されて伝わっている面はある。その正確な意味を理解するためには、ある程度の思想史的な知識が必要になってくるわけですけれど、世間的にそういう説明が省略されてある種のイメージとして伝わってしまうケースも多いわけですよね。ル・ボンも『群集心理』（講談社学術文庫、一九九三年）のなかで、そのようなことを述べていました。
だから思想研究者の態度としては二重で、一般的にある程度そういう単純化が行われてしまうのは仕方がないのだろうという態度と、しかし専門的にはその単純化はやはり不正確で、本当はこういう意味なんだと時間をかけて説明していく態度と、バランスをとっていくしかないんじゃないかと考えています。〈悪の凡庸さ〉についても、〈悪の浅薄さ〉というほうが意味としては紛れがなかったんじゃないかという問題提起はもちろんあっていいと思うのですが――私の論考自体がそういう問題提起を行っているのですが――、そのアイデア自体もアーレントの〈悪の凡庸さ〉という卓抜な表現があってこそ出てきたものなのであって、その思想史的な蓄積をなきものにしてはならない。〈悪の凡庸さ〉という概念がさまざまな誤解を生み、論争を生んできたという経緯まで含めて、きちんと保存しておきたいというのが私の考えです。

小野寺　パート1でもお話ししたように、歴史学では研究を進めるうえでこの言葉はそろそろ限界だと思ったら、けっこうスパッと捨てることが多いと思うんですが、矢野さんの話を聞いていても、古くなったからといって意味がなくなるわけではないから、その言葉を維持することに重きを置いていますよね。そこに思想や哲学と歴史学との特性の違いがあるのかなと思ったんですが、この理解は正しいでしょうか。

百木　そうなんじゃないですかね。哲学や思想史は過去の偉大な思想家が提示した概念を扱っていて、その賞味期限が切れたからと言ってスパッと捨てるということはまずしないと思いますね。新たな概念を別途で提案するのはもちろん構わないし、そうするべきだけれども、それによって元の概念を捨てることはない。その歴史を保存しておく。そこはアプローチの違いかもしれません。

三浦　哲学でも人びとが使わなくなって廃れていく概念はありますが、だからといって「賞味期限が切れた」という考え方はしないと思いますね。

矢野　それぞれが選択として、凡庸さという言葉を浅薄さという言葉に言い換えていくことは、私はもちろん構わないと思います。自分はこういう意味を与えて、こういうふうに言い換えていく、ということには異論を唱えません。しかし、それでも今日から悪の凡庸さは廃棄して悪の浅薄さでどうですか、というのには私個人としてはやはり乗れません。

田野さんがおっしゃるように、歴史修正主義の潮流がほとんど悪意ある仕方で〈悪の凡庸さ〉を違った意味で使っていることに対する危機感は、非常によくわかります。これには執拗に論駁するべきです。それでも凡庸と浅薄は違う言葉ですし、背景知が違いすぎます。ドイツ語においても英語においても違う連想系です。そもそも凡庸さという言葉を捨て去ってしまうと、喩法という点でも喚起力という点でも、ものすごくたくさんのものが失われてしまうと私は思います。

それから、分析の道具として使えないもの、実証的に役に立たないものは捨て去っていくという言い方では、それは実証主義的な暴力とも言えるわけで、そこのところはどうなのでしょうか。〈悪の凡庸さ〉という言葉があったからこそ、今日これだけいろいろなことを共有して議論ができたわけですし、とにかく賞味期限が過ぎたから捨てていくというのは、やや浅薄な言い方では、と思ってしまいます。カール・レーヴィットの『ヨーロッパのニヒリズム』という本には、ゲーテやプルードンが指摘したという近代以降の「凡庸さ」、「凡庸の勝利」という言葉が出てきます。さまざまな文脈や使われ方のなかに言葉の力や生命があるのであって、その言葉自体がもっている歴史もあると思います。

田野　いえ、私もまったく使えないとは思っていないのですが、でも相当歪んだ形で受容されていて、アーレントが意図したものとも、あるいは歴史の実態ともかけ離れた使われ方になっているので、それをなんとか実態に合うものにしたいし、なおかつアーレントがこの言葉を本当はどのように使おうとしていたのかということは知るべきだと思っています。あるいはアーレントに見えていないところがあれば、われわれとしてもそこを指摘すべきで、捨て去ると言うよりはバージョンアップしていくようなイメージですね。今日の歴史研究の水準からして、アーレントに見えていないところはどんどん指摘して修正していけばいいという考えです。

小野寺　みなさんアーレントという思想家の偉大さを認めておられるからこそ、彼女が言ったことを簡単になかったことにできるのかという思いがあるような気がしているのですが、私としては田野さんがいま言われたように、現実を理解するにはどういう切り口が一番いいのかという観点でものを考えているので、現実を反映しない歪んだ鏡であるならば別の鏡のほうがいいんじゃないかと思うわけです。それをアーレントに対する敬意が足りないと思われたら申し訳ないのですが、正直なところ思想研究者のような言葉や概念を大切に守る姿勢を――おそらく私だけでなく歴史研究者全体が――共有していないので、いろいろと誤解や軋轢も生じるのだろうと思ったりします。

田野　先ほども少し触れましたが、最近私は〈悪の凡庸さ〉の概念と、今日まで続くヴェーバー的な官僚制概念の影響とをどう結びつけて考えたらいいのかに関心をもっていて、バウマンあたりまでずっと続いていたヴェーバーの影響が、ここ二〇年くらいのホロコースト研究によって相当変わっているという印象があります。その点に関して、アーレント研究の側からはどう見えるのか、お聞きしたいのですが。

百木　ヴェーバーの官僚制イメージと〈悪の凡庸さ〉が重なる形で世に広がったのではないか、ということですよね。それはたしかにありそうだという気がします。そして近年のナチズム研究では、アイヒマンのような優秀な官僚は上の意向を忖度して積極的に動いていたというふうに理解が変わってきているわけですよね。パート2で紹介された映画『ヒトラーのための虐殺会議』でも、アイヒマンの描き方が変わってきているという指摘がなされていましたが、官僚に対するわれわれのイメージによって、アイヒマンの優秀さの捉え方も変わってくるのかもしれませんね。

昔は「上からの命令を忠実にこなす」のが優秀な官僚像だったけれど、最近は「指示待ちせずに上の意を汲んで自発的に動く」官僚像に変わってきている。そうやって「優秀な官僚」のイメージが時代によって変わってくるというのは現象として大変興味深い。いまから一〇年後、二〇年後にはそのイメージがまた別のものに変わって、それに合わせてアイヒマンの捉え方も変わっていく可能性もあるんじゃないでしょうか。

田野　私は官僚制概念の変容については、少なくとも社会学のなかで近年議論されていることしか知らないのですが、そこでは優秀な官僚のイメージが変わっているというより、官僚制の捉え方や組織というものの捉え方が相当変わってきているように思います。かつての「鉄の檻」のように動かしがたい機構というよりは、個々人がある程度自由に主体的に行動しているネットワークのような捉え方が主流になりつつあります。

また、他方でイデオロギーの役割が重視されるようにもなっていて、以前はそれを熱狂的に信奉しているという見方が強かったのが、近年ではその場の行動可能性を緩く制約するコンセンサスといった捉え方に変わってきているので、その研究動向の変化が念頭にあって、官僚制概念の変化と〈悪の凡庸さ〉概念を結びつけると、生産的な議論ができるのではないか、と思ったわけです。

小野寺 百木さんの言っていることは私も同感で、現代社会の見方が過去の見方に影響するのは事実だと思います。田野さんはネットワークの話をしましたけれど、まさにそれは現代のものの見方で、人と人が網の目のようにつながっているという発想は、インターネットなどから着想を得ているわけですよね。ヴェーバーの時代にはなかったものですが、そのように徐々に過去の見方が時代を反映していくのは、そのとおりだと思います。もちろん研究がつねにそういう形で進んでいくというわけではありませんが。

田野 それから矢野さんにお聞きしたいのですが、事前の打ち合わせで矢野さんが『エルサレムのアイヒマン』だけで〈悪の凡庸さ〉の問題を考えるべきではなくて、むしろ『全体主義の起源』との関連でこの概念の今日的な意味を考えるほうがいいと言われていたので、どういう方向性が考えられるのか、『全体主義の起源』と関連づけると、この概念はこんな意味でも捉えられるんじゃないかといった見通しがあれば、お聞かせいただきたいのですが。

矢野 『エルサレムのアイヒマン』を執筆する前に、アーレントは『全体主義の起源』を書いていたという当たり前のことが、忘れられているのではないかと思いました。その序文では、それこそ田野さんがおっしゃっているように、何が起こったのか、なぜ起こったのか、どのようにして起こったのかという言葉が残されています。「反ユダヤ主義」から始まるその本では、一人ひとりの人間がどのように行為したのか、あるいはしなかったのか、というようなことも関連して書かれています。もちろん、歴史学のなかではこの本がそれほど重要視されておらず、個々の事実が実証的に違うと言われていることも知っていますが、それでも私は全体主義の経験、そこに書かれている意味に向き合う必要があると思っています。

それは、私たちのいまを考えるためにも必要です。百木さんが指摘されたこと、つまり官僚制がヴェーバー的な概念では十分に説明がつかないような、ある意味では軽やかな、そしてやすやすと自発性を動員してしまうような、安楽な全体主義のイメージで理解されつつあることは私も痛感しています。メディアには欲望をかき立てるものがあふれかえっていますが、それとともに愕然とするような暴力、収奪、憎悪の政治がまかり通っています。この両面性を見るときに、〈悪の凡庸さ〉という言葉で考えなくてはならないことの射程はさらに広くあるべきですし、浅薄さという表現に取り換えるかどうかというレベルの問題ではないと思うのです。

私は別にアーレントを崇拝などしていません。彼女のテキストに何か重要なことが書かれているのだとしたら、二冊の本を結びつけながら、私たちの足元に口を開けているかもしれない私たちの時代の全体主義の問題を考えたほうが、より生産的な議論が可能になるのではないかと思うのです。少なくともアイヒマンとの関連で言えば、『全体主義の起源』のなかの「大衆社会の崩壊とモッブとエリートの一時的同盟」

のような節は、大いに関係するのではないかと思います。ナチ的なメンタリティや主体性についても、そこから考えることができるでしょう。また、アーレントは一九六八年にそれぞれの巻に新たな序文を書いているのですが、そこでは反ユダヤ主義研究についても触れられています。これを読むと、アイヒマン裁判の後でアーレントの立場が変わっていなかったこともわかります。

田野　ありがとうございます。ホロコースト研究では、『全体主義の起源』のなかのコロニアリズムに触れた記述は近年あらためて注目されていて、これを援用しながら帝政期ドイツの植民地支配がナチスの東欧支配に与えた影響を考察した研究がいくつも出ています。『全体主義の起源』と『エルサレムのアイヒマン』の関係を見る必要を感じているところです。

小野寺　そうですね。コロニアリズムに関しても、アーレントの記述を歴史研究者が再発見して、ナチズムとコロニアリズムの連続性を考えるうえでの大きなヒントにしたのは事実です。先ほども言ったように、歴史研究者はアーレントの言っていることをそのまま使うというよりも、ヒントにするんですよね。『全体主義の起源』からダイレクトに引っ張ってきて事実を知るのではなく、そういう視点で切ってみたらどうなるかを考える。そういう意味で、『全体主義の起源』はここ二〇年ぐらいで再発見されたわけですし、〈悪の凡庸さ〉という概念も私たちの世代は駄目だと言っていますが、三〇年ぐらい経ったらまた復活することがあるのかもしれません。たしかにそれはわからないところですね。

百木　アイヒマンの問題というのは歴史研究と思想研究が不用意に近づいた例だったという小野寺さんの指摘は、なるほどと思いました。普段は敬して遠ざかっていた両者が近づいてしまったがゆえに生じた対立というのは、言いえて妙だなと。でも、時々そういう対立が起きるのはむしろいいことなんじゃないかなと思いますね。私にとっても貴重な機会になりましたし。

歴史研究が思想研究を借用するにすぎないというのもそれでいいと思っていて、歴史研究者はさまざまな事実関係を精密に研究しておられると思うので、それに応じて認識や見解がアップデートされていくのは当然でしょうし、そこでいらなくなった概念が歴史研究の説明で捨てられていくのもやむをえないでしょう。ただ、思想史研究は古い概念を捨てるということはせずに、むしろそれぞれの概念がどういう文脈で、どういうふうに使われたのかという、いつ何の役に立つのかわからないようなことを細かくずっと追いかけていく、それがまた何かのときに歴史研究や社会学研究のなかで掘り起こされて、物事の見通しを良くするということもあるかもしれない。それで十分に意義があるんじゃないかと考えています。それぞれ役割やアプローチの違いはあるのでしょうが、こういう分野を横断した議論は双方にとって価値があるのではないでしょうか。

小野寺　いまの百木さんのコメントを締めの言葉にしてもいいのではないかと思いますが、歴史研究をやっているとどうしても、私などはとくに、アイヒマンのような歴史的対象を考える際に、歴史学のなかで共有されている視点や論点を当然のものと考えてしまいがちです。今日お話ししていてとくに感じたのは、思想研究の方々の「息の長さ」です。歴史研究者よりも、意識しているタイムスパンがかなり長い。自分たちのやっている学問にはどのような特徴があり、その強みと弱みは何なのかということについて、俯瞰的な視点から考え直す貴重な機会になったと思います。本日は本当にありがとうございました。

もっと知りたい人にオススメの本と映画

BOOKS

ギュンター・アンダース（岩淵達治訳・高橋哲哉解説）
『われらはみな、アイヒマンの息子』（晶文社、二〇〇七年）

哲学者ギュンター・アンダースが、アイヒマンの息子クラウス・アイヒマンに宛てた公開書簡。第一の書簡は一九六四年、第二の書簡は一九八八年に書かれたものである。後者でアンダースは、責任という人間の感情を失い「一族への忠誠」を表明するアイヒマンたち、「共同の罪ではなく共同の無実」を表明するアイヒマンたちの増大について書きとめている。呼びかけられているのは現在に生きる私たちであり、要請されているのは私たちの思考と想像力である。（矢野）

クリストファー・R・ブラウニング（谷喬夫訳）
『増補　普通の人びと――ホロコーストと第101警察予備大隊』（ちくま学芸文庫、二〇一九年）

ごく平凡な男たちからなる警察大隊がポーランドでいかに大量殺戮を遂行したのかを克明に描き出した名著。ユダヤ人の銃殺や移送に携わった隊員たちの壮絶な体験を描写するとともに、彼らがそうした苛酷な任務に順応していったのはなぜか、そのメカニズムを解き明かす。銃殺の任務に耐えられない者には離脱が認められていたにもかかわらず、多くの隊員たちが仲間への責任感や孤立への恐れから自発的に任務の遂行を選ぶ様は衝撃的である。（田野）

國分功一郎
『中動態の世界――意志と責任の考古学』（医学書院、二〇一七年）
中動態とは、能動（「する」）でも受動（「される」）でもない態voiceのこと。かつてインド＝ヨーロッパ語にあまねく存在していたものの、現在、言語の表舞台から消え去ってしまった感のあるこの態を、著者はさまざまな角度から探究してゆく。アーレントの意志論の批判的な読解から引き出されるのは、「非自発的同意（＝仕方なく同意する）」という概念であり、これはアイヒマンらが加担した「悪」やその責任の意味を考えるうえで役に立つだろう。（三浦）

田野大輔
『ファシズムの教室――なぜ集団は暴走するのか』（大月書店、二〇二〇年）
本書の編者でもある田野大輔氏が大学で実践した「ファシズムの体験学習」の様子がユニークに紹介されながら、ナチズムの本質に迫る分析がなされている。「なぜ人は大勢の仲間がいると過激な行動ができてしまうのか」という問いを学生たちが身をもって経験し、考える過程が描かれており、読者もそれを追体験できる。アイヒマンやミルグラム実験についてのコラムもあり、手軽ながらこの一冊で最新のナチズム研究について多くを学ぶことができる。（百木）

ハンナ・アーレント（大久保和郎・大島通義・大島かおり訳）
『新版　全体主義の起原』（一～三巻、みすず書房、二〇一七年）
初版は一九五一年。アーレントは、「何が起こったのか」「なぜ起こったのか」「どのようにして起こったのか」という問いとともに、全体的支配において結晶化した要素をさかのぼり、「反ユダヤ主義」「帝国主義」「全体主義」の歴史を探った。一九六八年の分冊版で各巻に付された序文には時事的な背景が感じられるが、本書そのものが全体主義の研究だけなくその経験の証言でもある。パースペクティブの限界は当然あるだろうが、アーレントは時代の目撃者でもあった。（矢野）

フランク・バヨール／ディーター・ポール（中村浩平・中村仁訳）

『ホロコーストを知らなかったという嘘――ドイツ市民はどこまで知っていたのか』（現代書館、二〇一一年）

反ユダヤ主義の広がり、ナチ政権への人びとの順応、ユダヤ人迫害によって得られた社会的・個人的利益、戦況によるナチ政権への支持の上下という四つの要因によって、「普通の人びと」がナチスの反ユダヤ主義政策をどこまで支持していたのかが明らかにされる。連合国の空襲を受けるようになると、多くのドイツ人は「自分たちも被害者なのだ」と考えるようになり、ユダヤ人への良心のやましさを「相殺」していくことになる。（小野寺）

古田徹也

『言葉の魂の哲学』（講談社選書メチエ、二〇一八年）

本書の主題は、ウィトゲンシュタインと（彼が影響を受けた）カール・クラウスの言語論だが、そのクラウスが当時直面していた状況として著者が指摘するのが、「マス・メディアの言説やナチス・ドイツのプロパガンダに代表される常套句の氾濫」である。本書の最終段落での「出来合いの言葉、中身のない常套句で迷い（ツヴァイフエル）を手っ取り早くやりすごして、思考を停止してはならない」という一文は、アイヒマン裁判後にアーレントが鳴らし続けた警鐘にほぼ重なる。（三浦）

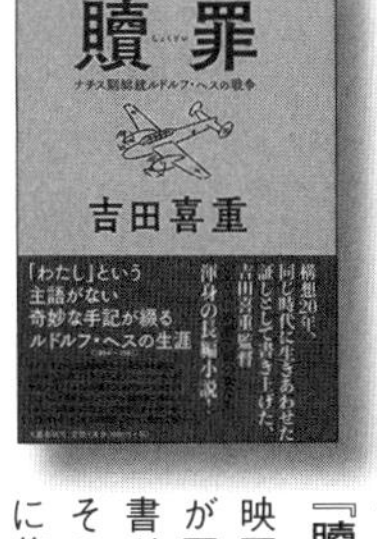

吉田喜重

『贖罪――ナチス副総統ルドルフ・ヘスの戦争』（文藝春秋、二〇二〇年）

映画監督、吉田喜重が長い構想の末、死の二年前に書き上げた書。ナチの副総統ルドルフ・ヘスが死の前に書いていた手記なるものと、語り手の回想、その他の人物の記録が入り混じる奇妙な書だが、ヘスの成育歴をはじめ、ヒトラーに影響を与えた地政学の大家ハウスホーファー教授やその息子の存在など、史実に忠実な部分もある。真面目で勉強熱心なドイツ青年がなぜヒトラーに惹かれ、その犯罪に加担することになったのかを描く。小説という形式でしか書かれえなかった時代の記録である。（香月）

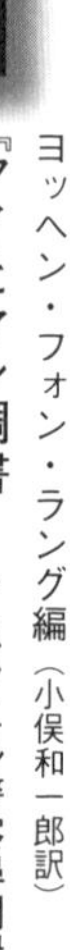

ヨッヘン・フォン・ラング編（小俣和一郎訳）

『アイヒマン調書——イスラエル警察尋問録音記録』（岩波現代文庫、二〇一七年）

イスラエル警察中尉アヴナー・レスは裁判に先立ち、約三〇〇時間にわたってアイヒマンと向き合い、尋問を行った。その記録をテープから起こした三五六四頁もの調書を時系列順に編集し、アイヒマンの証言を裏づけ、あるいは批判するための注釈を施した書。レスは家族をホロコーストによって失っており、重病の妻の介護をしながらアイヒマンの尋問にあたった。アイヒマンに対するレスの態度はしばしば周囲の人間から批判されるほど丁重なものだった。法廷における以上にアイヒマンはレスの前で素顔をさらしている。（香月）

ラウル・ヒルバーグ（望田幸男・原田一美・井上茂子訳）

『ヨーロッパ・ユダヤ人の絶滅』（上巻・下巻、新装版、柏書房、二〇一二年）

膨大な史料を精査してホロコーストの全貌を提示し、アーレントの裁判報告にも影響を与えた古典的著作。ユダヤ人の大量殺戮を可能にした官僚制の役割に焦点をあて、無数の法律・措置を通じて遂行された「行政的犯罪」の展開を詳細に解明。アイヒマンら官僚たちによる絶滅政策の立案・実行だけでなく、普通のドイツ人やユダヤ人評議会による協力の実態も明らかにし、ホロコーストが国家総体として推進された犯罪であることを説得的に論証している。（田野）

ロバート・ジェラテリー（根岸隆夫訳）

『ヒトラーを支持したドイツ国民』（みすず書房、二〇〇八年）

「賛同にもとづく独裁」論の典型とも言える研究。古典的なナチ・イメージでは、ゲシュタポ（秘密国家警察）がドイツ社会のすみずみまでを監視しており、「普通の人びと」に行動可能性などほとんどなかったと思われているが、ゲシュタポの人員は限られており、むしろ人びとによる密告がナチ体制による政治的抑圧を可能にしていたと指摘している。また、強制収容所についても、新聞報道を通じて幅広いドイツ国民に知らされていたことが明らかにされている。（小野寺）

『アイヒマンを追え！　ナチスがもっとも畏れた男』（ラース・クラウメ監督、二〇一五年製作）

ドイツ人の検事長フリッツ・バウアーが、アイヒマンの捕獲作戦を執念で実現へと導く過程を追った作品。アイヒマンがアルゼンチンに潜伏しているという情報を得たにもかかわらず、ドイツ当局がアイヒマン捕獲に本気で乗り出そうとしない状況に苛立つバウアーの姿が印象的。戦後ドイツでナチスの残党が幅を利かせていた様もリアルに描かれている。国家反逆罪に問われる危険も顧みず、バウアーがイスラエルの諜報機関モサドと接触するシーンは緊迫感がある。（百木）

DVD発売：ニューセレクト、クロックワークス／販売：ニューセレクト　©2015 zero one film/TERZ Film

『顔のないヒトラーたち』（ジュリオ・リッチャレッリ監督、二〇一四年製作）

原題は『沈黙の迷宮で』。映画は一九五八年のフランクフルトから始まる。観客はまず、主人公である若手のエリート検事がアウシュヴィッツについて無知であった時代そのものに驚かされる。そこから一九六三年にフランクフルト・アウシュヴィッツ裁判が開廷されるまでのドラマなのだが、法外な犯罪と関係者の厚顔無恥に直面する主人公の苦悩が伝わる。劇映画ゆえの批判も受けたようだが、注意深く見ればけっして単なるサクセスストーリーではない。（矢野）

DVD発売：アット エンタテインメント／販売：TCエンタテインメント　©2014 Claussen+Wöbke+Putz Filmproduktion GmbH / naked eye filmproduction GmbH & Co.KG

『白いリボン』（ミヒャエル・ハネケ監督、二〇〇九年製作）

一九一四年、北ドイツにあるプロテスタントの信仰篤い農村「アイヒヴァルト」で暴力事件や謎めいた災難が頻発する。村の子どもたち、とくに牧師の子どもたちがそれに絡んでいるらしいことが示唆される。監督は「一九三三年、そして四五年の大人たちは第一次世界大戦直前の子どもたちなのです。彼らが政治的な〝笛吹き〟についていったのはなぜなのか？」を考えてこの映画を構想したという。ファシズムに追随する人間をつくったものは何かについて考えさせる名作。（香月）

発売：アイ・ヴィー・シー　Blu-ray ¥5,280（税込）

『スペシャリスト――自覚なき殺戮者』（エイアル・シヴァン監督、一九九九年製作）

アイヒマン裁判は、イスラエル政府の意向でその一部始終が撮影・録音されていた。およそ三五〇時間分の撮影素材を約半年かけて二時間の映像記録へと再構成した本作は、もちろんアイヒマン裁判の全貌を明るみにするものではない。とはいえ、そこでのアイヒマンの言動やふるまいの数々を見てゆくと、アーレントが報告の最後に書きつけた〈悪の凡庸さ〉という不気味なテーゼが、私たちの脳裏にもまざまざと浮かんでくるのではないか。（三浦）

『ハンナ・アーレント』（マルガレーテ・フォン・トロッタ監督、二〇一二年製作）

アーレントを主人公とした映画だが、アイヒマン裁判が舞台となっている。アーレントがエルサレムを訪れて裁判を傍聴し、ルポルタージュを発表し、世界的な「炎上」を経験する様が描かれる。クライマックスの大学講義シーンは迫力があり、その後のヨナスとのやりとりまで含めて白眉の出来。アーレントの格好良い面だけでなく、ときに強情だったり傲慢だったりする姿もきちんと描いており、ラストも明快なハッピーエンドではないところが良い。（百木）

発売・販売：ポニーキャニオン／提供：セテラ・インターナショナル　Blu-ray & DVD ¥5,170（税込）©2012 Heimatfilm GmbH+Co KG, Amour Fou Luxembourg sarl,MACT Productions SA ,Metro Communicationsltd.

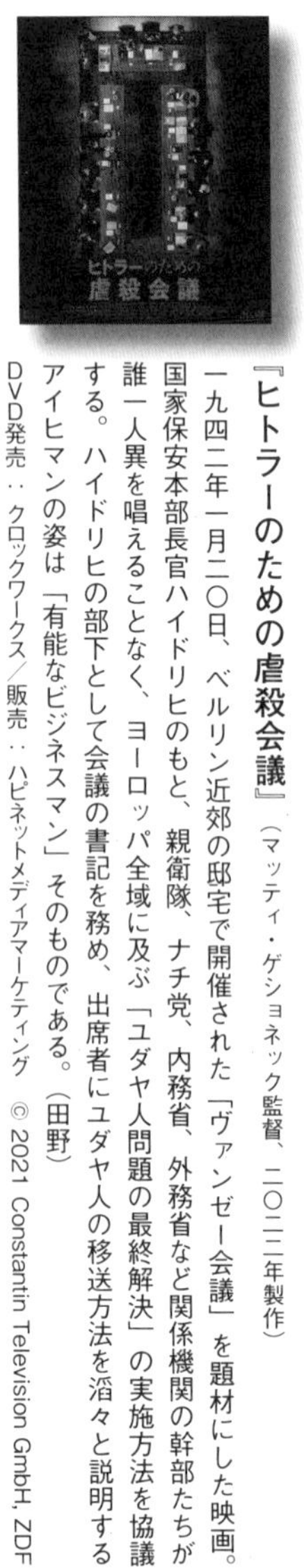

『ヒトラーのための虐殺会議』（マッティ・ゲショネック監督、二〇二二年製作）

一九四二年一月二〇日、ベルリン近郊の邸宅で開催された「ヴァンゼー会議」を題材にした映画。国家保安本部長官ハイドリヒのもと、親衛隊、ナチ党、内務省、外務省など関係機関の幹部たちが誰一人異を唱えることなく、ヨーロッパ全域に及ぶ「ユダヤ人問題の最終解決」の実施方法を協議する。ハイドリヒの部下として会議の書記を務め、出席者にユダヤ人の移送方法を滔々と説明するアイヒマンの姿は「有能なビジネスマン」そのものである。（田野）

DVD発売：クロックワークス／販売：ハピネットメディアマーケティング　© 2021 Constantin Television GmbH, ZDF

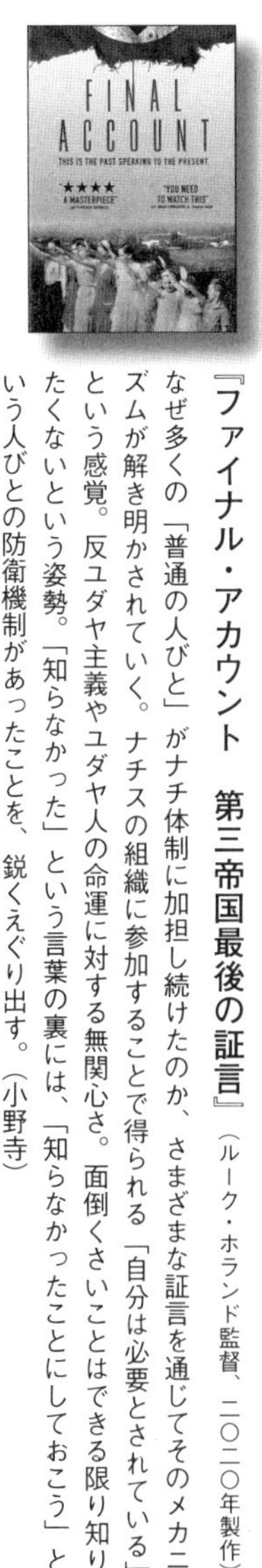

『ファイナル・アカウント　第三帝国最後の証言』（ルーク・ホランド監督、二〇二〇年製作）

なぜ多くの「普通の人びと」がナチ体制に加担し続けたのか、さまざまな証言を通じてそのメカニズムが解き明かされていく。ナチスの組織に参加することで得られる「自分は必要とされている」という感覚。反ユダヤ主義やユダヤ人の命運に対する無関心さ。面倒くさいことはできる限り知りたくないという姿勢。「知らなかった」という言葉の裏には、「知らなかったことにしておこう」という人びとの防衛機制があったことを、鋭くえぐり出す。（小野寺）

あとがき

アーレントの〈悪の凡庸さ〉概念は、職務に忠実なだけの〈凡庸な役人〉、上からの命令を伝達する「歯車」というイメージで広く受容されている。だがナチズム・ホロコースト研究に従事する歴史学者からすると、それはアイヒマンという人物を形容するにはおよそ的外れなものに思われる。この男がユダヤ人絶滅政策の中核を担うキーパーソンとして、官僚機構のなかで卓越した組織力と創造性を発揮したことは疑いえないからである。シュタングネトの著作『エルサレム〈以前〉のアイヒマン』も、思考の欠如した小役人というイメージを否定し、熱意と誇りをもって職務に取り組む確信的なナチというアイヒマン像を打ち出している。そうすると、アーレントはこの親衛隊中佐の実像を見誤っていたのだろうか。それとも、この〈凡庸な役人〉という見方は世間一般の誤解によるもので、アーレント自身はもっと違った意味を含ませていたと見るべきなのか。

本書は、この問題をめぐる歴史研究者とアーレント研究者の討論の記録である。数度にわたる討論を通じて、アイヒマンが〈凡庸な役人〉でなかったという点については両者の間で共通理解が得られたが、そこには依然として大きな認識の隔たりが存在していることもたしかである。とくにアイヒマンの言動におけるイデオロギーの役割や「思考の欠如」という問題に関しては、さらに検討を重ねて隔たりを埋めていく必要があるだろう。こうした検討は、一般社会においてアイヒマンを組織の「歯車」とみなすような認識が一人歩きし、ややもするとその「凡庸さ」や「思考の欠如」をもって彼を免罪しかねないような主張が繰り返される現状においては、なおのこと急務である。官公庁や大企業による組織的な不正や不祥事が明るみに出るたびに、アイヒマンよろしく「上から命じられて不正に加担したにすぎない」と弁明する幹部たちの姿に、私たちは慣れっこになっている。〈悪の凡庸さ〉が「歯車」という平板なイメージで理解されている限り、彼らの罪と責任は「命令に従っただけ」という弁明にかき消されてしまう。現代のアイヒマンたちはいったいなぜ命令を遂行したのか、その理由を主観的要因と構造的要因の絡み合いのなかで究明することは、彼らの罪と責任の所在を突き止めるうえでも必要である。本書がそうした努力の一助となることを願ってやまない。

二〇二三年八月　　編者を代表して　田野大輔

執筆者
香月恵里（かつき　えり） 1961年生まれ
岡山商科大学経営学部教授
主要著作：『エルサレム〈以前〉のアイヒマン——大量殺戮者の平穏な生活』（翻訳，みすず書房，2021年），『デュレンマット戯曲集第Ⅰ巻，第Ⅲ巻』（共訳，鳥影社，2012，2015年），『ドイツを焼いた戦略爆撃　1940－1945』（翻訳，みすず書房，2011年）

三浦隆宏（みうら　たかひろ） 1975年生まれ
椙山女学園大学人間関係学部准教授
主要著作：『フランス・バカロレア式書く！哲学入門』（共著，ナカニシヤ出版，2021年），『活動の奇跡——アーレント政治理論と哲学カフェ』（法政大学出版局，2020年），『アーレント読本』（共編著，法政大学出版局，2020年）

百木漠（ももき　ばく） 1982年生まれ
関西大学法学部准教授
主要著作：『嘘と政治——ポスト真実とアーレントの思想』（青土社，2021年），『漂泊のアーレント戦場のヨナス——ふたりの二〇世紀ふたつの旅路』（共著，慶應義塾大学出版会，2020年），『アーレントのマルクス——労働と全体主義』（人文書院，2018年）

矢野久美子（やの　くみこ） 1964年生まれ
フェリス女学院大学国際交流学部教授
主要著作：『ハンナ・アーレント——〈世界への愛〉の物語』（共訳，みすず書房，2021年），『ハンナ・アーレント 「戦争の世紀」を生きた政治哲学者』（中公新書，2014年），『ハンナ・アーレント，あるいは政治的思考の場所』（みすず書房，2002年）

編者
田野大輔（たの　だいすけ）1970年生まれ
甲南大学文学部教授
主要著作：『検証　ナチスは「良いこと」もしたのか？』（共著，岩波書店，2023年），『ファシズムの教室――なぜ集団は暴走するのか』（大月書店，2020年），『愛と欲望のナチズム』（講談社，2012年），『魅惑する帝国――政治の美学化とナチズム』（名古屋大学出版会，2007年）

小野寺拓也（おのでら　たくや）1975年生まれ
東京外国語大学大学院総合国際学研究院教授
主要著作：『検証　ナチスは「良いこと」もしたのか？』（共著，岩波書店，2023年），『野戦郵便から読み解く「ふつうのドイツ兵」――第二次世界大戦末期におけるイデオロギーと「主体性」』（山川出版社，2022年），『エゴ・ドキュメントの歴史学』（共著，岩波書店，2020年）

装幀　鈴木衛（東京図鑑）

〈悪の凡庸さ〉を問い直す

2023年９月20日　第１刷発行
2024年９月20日　第５刷発行

定価はカバーに表示してあります

編　者　田野大輔・小野寺拓也
発行者　中川　進

〒113-0033　東京都文京区本郷 2-27-16

発行所　株式会社　大　月　書　店

印刷　太平印刷社
製本　ブロケード

電話（代表）03-3813-4651　FAX 03-3813-4656　振替 00130-7-16387
http://www.otsukishoten.co.jp/

ISBN 978-4-272-43109-0　C0010　Printed in Japan